JN261827

癒しと成長の
表現アートセラピー

小野　京子　著

岩崎学術出版社

はじめに

　表現アートセラピー（Expressive Arts Therapy）は，アートセラピー（絵画や造形，粘土，コラージュなど視覚アートを用いるもの），ダンス・ムーブメントセラピー（からだの動きによる表現），ミュージックセラピー（音楽やサウンド，声による表現），ライティング（詩や散文など文章による表現），ドラマセラピー（演技やパフォーマンスによる表現）など，さまざまな芸術媒体での表現を用いる統合的な芸術療法です。

　1970年代に確立したこの芸術療法は，1994年に表現アートセラピーの国際学会が設立され，「表現アートセラピー」という統一した名前がつくまでは，その方法は「マルチ・アーツセラピー」と呼ばれたり，「インターモダル・アーツセラピー」とも呼ばれました[注1]。さまざまなアートを用いるという意味でアーツセラピーという用語の方がよいのかもしれませんが，日本語ではまだアートセラピーという用語さえ新しいものなので，本書では表現アートセラピーという呼び名を引き続き用います。「表現アートセラピー」という訳語は，ナタリー・ロジャーズの本（"The Creative Connection: Expressive Arts as Healing"）を訳した私と坂田が決め，それ以降この名称を用いています。

　私自身は，30代で表現アートセラピーに出会いました。出会ったのは，パーソンセンタード表現アートセラピーです。パーソンセンタード・アプローチ（ロジャーズ派）[注2]に基づく表現アートセラピーです。そして私は，この療法に大変魅力を感じました。上手・下手にとらわれずアート表現をしたときに，心の琴線，真実の自己に響く体験をしたからです。心の内奥を垣間見ることができ，充足感や生きる力を得られたという実感がありました。人は皆生きる力や生命の根源となる創造の泉をもっていて，アート表現をすること

でその源泉に触れられるのだと思います。

　すべての表現を用いる芸術療法というと，なかなかイメージしにくいかもしれません。別の言い方をすれば，パーソンセンタード表現アートセラピーは，大人のプレイセラピー（遊戯療法）と言えるかもしれません。子どもの心理療法では，プレイセラピーが一般的です。子どもはなかなか自分の気持ちを言葉で表現することができないので，子どもとのセラピーでは絵を描いたり，一緒におままごとやチャンバラ遊びをしたり，歌を歌ったり，砂遊び，おもちゃなどを用いた遊びなどをします。また子どもはお話を作ったりもするでしょう。大人は言葉を駆使することができるのですが，やはり自分の心の内面を表すときには，言葉でなかなか言い表せないことがあります。そんなときにアート表現は，心の奥にある気持ちや，メッセージなどを見事に表してくれます。

　そして子どもと同様に大人の中にもたくさんのチャンネルがあり，あるときは歌を歌いたくなり，あるときには踊りたくなり，あるときには演じたくなるのではないでしょうか。その時々で，絵で表現したり，それを物語にしたり，ムーブメントで表現することで，今ぴったりくる表現を見つけることができます。またそのように違う表現をすることで新しい発見に導かれ，より深い心の層に到達できると私は考えます。表現アートセラピーは，特定の表現に限定せず，すべての表現に開かれた療法です。

　もちろん統合的な表現を用いることが，すべての人に合うとは限りません。ときには単一の媒体で続けて表現する方が合っていることもあるでしょう。表現アートセラピーは，その意味で芸術療法のひとつの方法であり，ひとつの分野です。表現アートセラピーの特性は，さまざまな芸術表現の結びつきや刺激し合う性質を大切にし，多様性という視点をもっていることです。

　表現アートセラピストであり，この分野の創始者のひとりでもあるパオロ・クニルの言うように，「表現アートセラピストは，何でも屋ではなく，アート表現の特質や結びつきを知るプロ」なのです。表現アートセラピーでは，すべてのアート表現を尊重し，包括し，そのそれぞれの特性を理解し，利用

しようとします。

　アートセラピー，ダンス・ムーブメントセラピー，ミュージックセラピー，文芸療法（詩や散文など文章による表現），ドラマセラピーなどの，単一の表現媒体を用いる療法が時代的には早く確立しました。そして芸術療法家，心理療法家個人のレベルでさまざまな表現媒体を結びつける動きが起こりました。

　しかしアートの歴史をかえりみれば，アートは太古の昔，宗教と結びつき，さまざまなアート表現が統合的にその儀式や祭りの中で使われてきました。そのころは，歌や踊り，音楽やドラマ，衣装や舞台背景の絵など，すべてのアート表現が用いられ，結びつき，互いに刺激し合い，相乗効果を生み，すべての表現がより密接に結びついていました。

　表現アートセラピーが生まれた背景には，さまざまな芸術表現を組み合わせるメリットが考えられて統合の動きが出てきたと同時に，芸術のもともともっている性質を大切にしたい，原点復帰という動きがあったともいえます。

　私自身は，表現アートセラピーに出会う以前，アートセラピーやダンスセラピーなどさまざまな療法を体験しました。それぞれに気づきがありよい体験でしたが，強いインパクトは受けませんでした。パーソンセンタード表現アートセラピーに出会って，心や魂が揺さぶられるような，深く感動する体験をしました。自分に合う療法との出会いとは，理屈では説明できないものなのでしょう。

　本書では，芸術療法や表現アートセラピーが現代社会に提供できるものは何なのか，アート表現のもつ可能性を示し，具体的な実施方法やエクササイズを提示したいと思います。また表現アートセラピーがどのように実施され，どのような効果や影響を与えるかについても解説したいと思います。またパーソンセンタード表現アートセラピーのトレーニングについても，どのように行われるかの実際を紹介します。

　本書は4章で構成されています。第1章では，芸術療法や表現アートセラピーの歴史や理論を解説します。第2章では，実際に表現アートセラピーが

どのように実践され，適用されているかについて述べます。第3章では，パーソンセンタード表現アートセラピーにおけるトレーニングの実際を紹介します。第4章では，具体的なエクササイズを解説します。エクササイズは，読者の皆さまにも試していただけるように，わかりやすくイラスト入りになっています。ご自身の心身の状況に合ったものをお試しください。コラムの欄では私自身の体験や，パーソンセンタード表現アートセラピーを体験した人の体験談や作品紹介が入っています。お名前はすべて仮名です。

　なお本書で紹介する表現アートセラピーは，パーソンセンタード表現アートセラピーに基づくものであることをおことわりしておきます。芸術療法にもさまざまなオリエンテーションがあります。それぞれのオリエンテーションが，意味ある切り口や示唆を提供します。パーソンセンタード表現アートセラピーは，パーソンセンタード・アプローチに基づく非分析的な立場です。作品を分析解釈せず，表現した人が主体的にその意味を発見することを援助します。芸術療法を学ぶ場合には，いくつかの違う立場を学んだ上で自分に合った流派を選択することをお勧めします。

注1）現在でもインターモダル・アーツセラピーと呼ばれることがある。インターモダルとは，さまざまな媒体（モダリティ）を用いるという意味。
注2）パーソンセンタード・アプローチ（ロジャーズ派）とは心理療法のひとつの流派で，カール・ロジャーズ（Carl Rogers）によって確立された。カール・ロジャーズは，1902年生まれのアメリカの臨床心理学者（1987年没）。詳しくは第1章34頁を参照のこと。

Contents

目　次

はじめに　*i*

第1章　芸術療法と表現アートセラピー……………1

1. 現代におけるアートの意味　1
2. 芸術療法（Arts Therapy）とは　7
3. 芸術療法の特質とその効果　8
4. アートセラピーの歴史　14
5. 表現アートセラピー（Expressive Arts Therapy）の歴史　19
6. 表現アートセラピーにおける理論と実践　22

　Column ●オオカミとの出会い●　28
　Column ●癒しとは？●　35
　Column ●シェアリング●　39
　Column ●ショーン・マクニフのワークショップに参加して●　41
　Column ●患者さんのしの笛●　50

第2章　表現アートセラピーの実際……………51

1. さまざまな現場での適用　51
2. 一般の人への適用　52
　Column ●この日参加した春樹さんの感想●　59
3. 高齢者への表現アートセラピー　62
4. 精神科クリニックでの適用　76
5. 学校での適用　95

第3章　表現アートセラピーのトレーニング……111

1. 表現アートセラピストの養成　111
2. トレーニングコースの構成　114
3. パーソンセンタード表現アートセラピーのガイドライン　117
4. 7日間のコースのスケジュール　120
5. トレーニングコースでの学び　122
6. PCAと表現アートの相乗効果　136

　Column ●筆者自身のトレーニングにおける体験●　140
　付　記　トレーニング生の体験から　141

第4章　エクササイズ …………………………………149

1. 心理探求的エクササイズと創作・表現中心のエクササイズ　149
2. 芸術療法におけるいくつかのベクトル　152
3. エクササイズの実際　155
4. 心理探求的エクササイズ　159
　Column ●左手で描く●　161
　Column ●ミラームーブメント●　163
　Column ●悩みや気がかりの絵●　165
5. 創作・表現中心のエクササイズ　184
　Column ●水と記憶●　190
6. 表現アートセラピーで用いる材料　192

参考文献　195
おわりに　199

Arts Therapy and Expressive Arts Therapy

第 **1** 章

芸術療法と表現アートセラピー

1. 現代におけるアートの意味

アートはすべての人のもの

　本書をお読みの方々は，多分芸術や心理療法に関心をもっていて，趣味で音楽や絵などの芸術表現を楽しんでいる方もいらっしゃるでしょう。ですが一般的には芸術というと，絵を見ることが好きだ，またはコンサートにたまに行くけれど，「芸術に直接関わるのは芸術家のみ」，と考える方が多いかもしれません。

　本書で私が述べたいことのエッセンスは，「芸術（アート表現またはアート的自己表現）は人が生きる上で本質的なものであり，人の内面や人生に大きく関わるものである。実は誰もがアーティスト（表現者）であり，自ら表現することで創造の泉（広い意味の生命力）に触れることができる。アート表現は人の成長や幸福，相互理解を増進させるものとして，大きな可能性を秘めている」ということです。

　私自身，芸術療法に関わるまでは芸術は芸術家が行うもので，自分のように何の才能も技術もない者には，コンサートに行ったり，美術展に行ったり，演劇を見たりなどの他には，直接関わりのないものと考えていました。芸術療法に出会う前もクラシック音楽のコンサートや絵画展などによく行きましたが，芸術に関しては劣等感のようなものを感じ，「高尚なものはよくわか

らない」,「自分には感性がない」と思っていました。表現アートセラピーと出会って,私の中で確実に変わったのは,アート表現はすべての人のものであり,上手下手や芸術的な価値を問わなければ,すべての人がアート表現を楽しむことができ,そこから大きな収穫を得られると確信するようになったことです。

　もちろん芸術家になるためには,技術を磨き,長い年月をかけてその道の専門家になる必要があり,その作品が芸術的な価値を世間から問われるのは当然です。芸術療法は,芸術自体や芸術作品を否定するものではありません。「すべての人が芸術家」という意味は,「すべての人が生まれながらにしてアート表現を楽しみ,アート表現によって自分の内面や自分のアイデンティティ（個性）を感じ,それを表現することでより生き生きと生きることができる」,ということです。芸術療法という分野では,芸術表現の技術の向上を図る必要はありません。表現しているうちに感性も技術も磨かれることが多いのは事実ですが,芸術療法の分野では,技術や表現を評価し,高い技術や表現力を目的とするのではなく,人がより充実した人生を送れることを目的とし,それを応援するものです。

アートは,心,からだ,知性,魂をつなぐ

　芸術は,心とからだ,知性,魂という,人間存在のすべての側面と接点をもち,私たちのクオリティ・オブ・ライフを向上させてくれます。つまり芸術は,私たちが人間らしく,生き生きと生きていくために必要な,魂や感情生活のための栄養分や食物（ソウルフード）を与えてくれるのです。

　時代を遠くさかのぼれば,芸術は日々の暮らしの中で,人々の生活に密接につながりがあったと考えられます。祭りのときには,歌や踊り,物語,衣装や儀式など,すべてのアートがそこには関わっていました。人が集まれば踊り,歌い,昔話が語られ,布が織られ,土器が作られ,装飾品が生まれ……というように。芸術活動は私たちの本能に根ざしているのです。

　アンジェル・エリエンという文化人類学者[注1]によれば,古い習慣を守っ

ている土着の民族では，「人が踊りや歌や物語，沈黙を忘れるときに，魂が失われる」と言われるくらい，芸術は人の大切な営みなのです。時代が下るにつれ，一般の人が芸術に直接関与するという芸術の機能がだんだん希薄になり，芸術に専念する芸術家が表現し，一般大衆はそれを鑑賞するというかたちが定着しました。大衆が直接に表現することから得られる癒しの機能が衰えたと言えるでしょう。そして心理学の一分野である臨床心理学がそれに代わる，またはそれを補うものとして，心や魂の領域を探究し，心の問題を扱う分野として発展したのかもしれません。

現代社会は，論理的思考や知性に価値を置く，左脳優位の社会です。情報を集め，いかに効率的に物事を遂行するかに重きが置かれています。しかし情報化社会は，次の時代を迎えようとしています。情報をもっている人が社会をリードする時代は終わったと言われています。経済評論家でビジネス戦略家であるダニエル・ピンクは著書『ハイ・コンセプト』の中で，これからの時代をリードする人は，直感や想像力を働かせ，全体を見ることができ，人に共感し協働でき，新しい視点でものごとを創造していくことができる者だと主張します。これからの社会に求められる人は，左脳の機能を用いながら，右脳も使える人なのです。

右脳を活発にする働きにおいて，アートが注目されています。ビジネス界でもアート表現による効果を見直す動きが始まっています。創造性が必要とされる先端企業（IT企業など）では，社員を刺激するために社内でアーティストが雇われています。有能な弁護士や医者になるためには，共感力が必要とされるため，ドラマやストーリーテリングを学ぶことが奨励されています。また商品を売るためには美的なセンスを磨くことが必要となります。

現代においてアートのもつ特性や影響力が見直されてきていることは，意味深い現象です。ビジネス界のみならず，アートのもつ力は医療福祉分野においても見直されています。病院の中で芸術療法が行われ，アート表現を行ったあとで免疫力が上がるという研究も行われています。入院している人のアイデンティティが「患者」になってしまい，自分の他の側面や価値を忘れ

がちな病院において，芸術療法やアート表現が取り入れられ，言葉にできにくいいろいろな気持ちを表現し，またアート表現によって生の生き生きしたあり方と接するときに，自分の今までの人生のさまざまな側面や意味，リソースを再発見します。またアート表現をしている間は，悩みから解放されるという「意味のある時間と空間」が生まれます。

また最近では，地域起こしにもアートが用いられ，地域の活性化や人と人を結ぶ上でもアートの力が用いられています。つまりアートは人の内面を豊かにする側面と人々のコミュニケーションを促進するという，両方のベクトルをもっています。

アートには，人の心や感覚，感受性を豊かにする力があると私は考えています。言い換えると人のもともともっている心の豊かさや感受性を耕し，豊かな感性を育て，養う働きがあると感じています。創造性が刺激され，共感力も高まります。人がからだ，心（感情），知性（頭），魂（スピリチュアリティ）の4つのレベルをもつ全体と考えると，アートはその4つのレベルすべてを巻き込み，刺激を与え活性化し，それらすべてのレベルを統合する働きをします。核家族化や地域との密接な関わりが希薄になる中で，最近の子どもたちには実体験やコミュニケーションが不足し，生きる力やコミュニケーション能力が低下していると言われていますが，まさにこの実体験や，コミュニケーション体験を提供してくれるのが，アート表現といえます。

例えば「個性が皆違う」ということは，アート表現をしてみれば一目瞭然で，言葉や頭のみの理解にとどまらない実体験として心やからだに刻み込まれるでしょう。そしてお互いの表現を上手下手でなく鑑賞するときに，表現には上下がないこと，人にも上下がないことが実感されます。また一緒にアート表現をすることで自然にコミュニケーションが生まれます。アート表現は，個人の内的世界に触れることを可能にし，また個人の内的世界を他者に伝えるという，二重のかけ橋となります。このように個性を育てることのできる美術や音楽の時間が現在の学校教育の中で減っていることは，残念なことです。さらに言うと，評価を離れた表現こそが，人の個性を伸ばしてくれます。個性が育ったのちに，技術の向上や互いに競い合う切磋琢磨が必要になるのです。

絵を描くことを例にとれば，絵を描くときにはからだを動かしますし（筆を持つ，手を動かす等），知覚（五感を使う）や認知（考えや知性）が関わり，気持ちも感じながら行うアクティビティ（活動）です。そして調和や美の感覚，感動を与えるアートにおいては，魂の領域も関わります。「魂」という言葉に抵抗がある方もいらっしゃるかもしれませんが，人には「精神性」という次元が存在するとすれば，スピリチュアルな側面（簡単に言うと，人としてよりよく生きたいという気持ち，心の平安や，広い意味での愛や平和を求める心）が生きる上で深く関わってくると，私は考えます。最近「スピリチュアル」という言葉が世間一般で独り歩きしている感（スピリチュアルなものイコール「霊の世界」と考えるような）がありますが，スピリチュアリティは，WHO（世界保健機関）の心の健康の定義に入れるべく議論されており，心の健康において重要な側面なのです（1998年WHO執行理事会において，それまで示されていた憲章前文「健康の定義」に「スピリチュアル」の概念を追加する提案がなされ議論されました。その後採択は保留になっています）。

美とは真実との出会い

「美」という言葉が出たので，「美」について少し述べたいと思います。「美」とはどういうものなのでしょうか。美学者の中井正一[注2]は，その著書『美学入門』の中で，「美というのは，いろいろの世界で，ほんとうの自分，あるべき自分，深い深い世界にかくれている自分に，めぐりあうことだ」と述べています。また「美とは，自分にまだわからなかった自分，自分の予期しなかった，もっと深いというか，もっと突っ込んだというか，……自分が考えている自分よりも，もっと新しい人間像としての自分にめぐりあうことであること」とあります。私はこの美の捉え方に共感します。

私自身の言葉を使えば，「美とは心にみずみずしい感動を与えるものであり，自然や事物の，そして自分との，意味ある出会い，心に響く出会いに遭遇したときに感じるもの，心が震えるような感動」です。そしてその美との出会いによって，新しいものが生まれ創造されるプロセスが始まり，またそ

のプロセスの中でさらに新しい美との出会いがあると言えます。また美を追求するプロセスは，終わりのないプロセスであり，常に発展し，日々新たに成長するという，心のプロセスにも似ています。心に躍動や感動をもたらしてくれる「美に触れる体験」は，心が生き生きと呼吸するための酸素のようなもの，と言えるかもしれません。生の真実が，心やからだ，魂と関わって浄化され，美というものに高められるのではないでしょうか。

　人間性心理学の創設者のひとりである，アブラハム・マズロー[注3]（第三の心理学・人間性心理学については，第1章22頁参照）は「自己実現」という言葉を定着させた人ですが，彼は心理的により成長した，自己実現した人々を研究しました。その人たちに共通する特性のひとつが，「至高体験」を多くもつということです。至高体験とは，「神秘的な体験，大いなる畏怖の瞬間，とても強烈な幸福感，歓喜，恍惚，至福を感じる」瞬間のことです。美しい自然を見るときや，何かを達成するというような素晴らしい体験をする瞬間に人は，生きていることの大きな感動を味わいます。自己実現した人たちは，この感動をとても多く体験していると言われます。芸術と触れる体験，美と触れる体験も，至高体験をもたらします。

　心理療法と芸術が交わる領域である，芸術療法においては，美や調和のみを意図的に求めたり，芸術的な価値や技術を追求することはありません。自分というもの，自分と外界との関わりを芸術表現という枠組みの中で表現し，表出させるのです。そこでは美というものは，真実の自分に出会うということにとても近いのではないでしょうか。ひとつの絶対の真実というものがあるわけではなく，いろいろな真実，オーセンティックな（正直で純粋な）自分，そして他者や外界との出会いがあるわけです。そしてたとえ表現されたものが，一般的には醜いと考えられるものであったとしても，真実である限りそれには意味があります。そして醜いという真実の中にも美があると私は考えます。

　いろいろな意味において，心やからだが緊張を強いられ，人や自然との関係が薄くなりがちな現代社会において，一般の人々が自らアート表現をする

ことで，心やからだ，知性，魂を解放し，もともとのみずみずしい生命力を取り戻すことが可能です。芸術との関わり，芸術という井戸から水を汲み出す上で，心理療法という枠組みやそこでの経験知が，より安全で自由な場を提供できると考えています。

2. 芸術療法（Arts Therapy）とは

芸術療法(アーツセラピー)とは，芸術的な媒体（絵や粘土などのヴィジュアルアート，ムーブメントやダンスなどの身体表現，音楽や声，詩や文章，ドラマなど）を用いた心理療法です。さまざまな芸術での表現活動，創作活動に従事することを通じて，心身の健康を回復する心理療法といえます。この療法は，心理療法と芸術というふたつの流れと分野に関わる領域です。このふたつの分野が結びついて成立した分野であるので，両方の伝統やルーツを包括する療法といえます。

フランスの精神科医のジャン - ピエール・クライン[注4]によれば，「芸術療法は，芸術的媒体を用いた精神療法（心理療法と同義語：小野注）と定義できるであろう。……芸術と治療が補完し合い，より豊かなものとなって共通の視点を探るのが芸術療法である」と述べています。また彼によれば治療とは「悪，不幸，病気，不満，悪魔，呪いのなかに沈むことに対する人間の拒否を意味する」人間の営みです。そして治療は「自己の肯定的変化に力点が置かれて」います。芸術療法は「人間として生きていくことの中核に触れようとするものであり，その方法は人間のまるごと，つまり精神，身体，魂に根を下ろそうとする」とあります。ですから芸術療法とは，芸術的表現を用いる中で人の生の中核に触れ，心（精神），からだ（身体），魂に関わりながら，人の肯定的変化をもたらそうとする行為なのです。

芸術療法を実践するには，心理療法と芸術両方に関する深い理解をもつ必要があります。心理療法の専門家であるから，すぐに芸術療法家になれるわけではなく，芸術に精通しているからすぐに芸術療法家になれるわけでもあ

りません。芸術療法家になるためには，心理療法（臨床心理学）と芸術の両方を深く学ぶ必要があります。また知識のみでなく，両方の分野での実習や体験も必要になります。この点に関しては，第3章のトレーニングの項で述べたいと思います。

　現在芸術療法は，いくつかの専門分野に分かれており，ヴィジュアル（視覚的）アートを扱うアートセラピー，ダンスやムーブメントなどの身体表現を扱うダンス・ムーブメントセラピー，音楽や声などの表現を扱うミュージックセラピー，詩や文章表現を扱う文芸療法（詩歌療法，ポエトリーセラピーなどとも呼ばれている），ドラマ表現を扱うドラマセラピー，そしてすべての芸術表現を扱う表現アートセラピーが主なものです。その他に，箱庭療法や書道，陶芸，写真などの表現を用いるものも芸術療法に含まれます。

　表現アートセラピーは，すべての媒体での表現を用いる療法で1970年代に確立し，他の単一の媒体を中心とする芸術療法に比べて比較的新しい療法です。

3. 芸術療法の特質とその効果

　芸術療法の特徴や効果を考えてみましょう。芸術療法の最大の特徴は，言葉にならないものを表現できるということです。心の中の葛藤やそのニュアンスは，なかなか言葉になりにくいものです。言葉になる少し前のもやもやしたものや感覚的なものは，アート表現であれば「もやもや」のまま表現できます。その「もやもや」のまま表現しているうちに，はっきりと意味がつかめる場合が多いのです。そしてその「もやもや」に注目していくことが，人の「生の前進」を促進します。自分に関しての重要な気づきをアート表現から得ることができます。また表現自体のプロセスの中に治癒力があることも特徴です。

　また表現で遊ぶということもできます。特に葛藤がなくても楽しく表現できるのも特徴です。楽しみながら表現することで心身の解放やリフレッシュ

ができます。

　芸術療法では，心の無意識の領域に比較的容易にアクセスできます。これは長所でもあり，また心の準備のできていないものが浮上する可能性があるという，危険性にも通じます。この点は注意が必要です。

　芸術療法は，すべての年齢層や対象に適用することができます。個人の内界での発見や癒しに用いられると同時に，グループで行うことによりコミュニケーションや相互理解の促進にも用いることができます。また本書では詳しく述べませんが，アート表現は学習の促進にも効果があります。アート表現を行いながらの学習（絵やドラマ，詩などを用いて教科を学ぶ方法）は，知性のみでなくからだや感情，精神性のすべてを刺激する学習となります。

　芸術療法の特徴と効果を以下に箇条書きにしてみました。

●言葉にならないものを表現できる●

　最大の特徴は，言葉にならないものを表現できるという点です。まだ言葉にならないもの，言葉になりにくいものを絵（色や線，形）や造形（三次元），音やリズム，からだの動きなどで表現することができます。ライティングや詩などで，言葉を用いるとしても，それらは直線的，論理的な言葉ではなく，象徴的で文学的な言葉なので，心の内容を受け止めることができます。

　言葉でない表現には，無意識の領域の内容が表現されることが多いので，表現することで無意識の内容を意識に統合する作業が可能になります。無意識の内容とは，今まで抑圧されていた感情なども含みます。また原始的なエネルギー，攻撃性や情熱といった，現代社会の日常生活ではなかなか表現できないものも，安全に表現することができます。

●心身のリラックス（カタルシス）を促進する●

　表現することにより，緊張や抑圧を解くので，心身の解放，リラックスをもたらすことができます。感情などが解放されカタルシス（浄化）が起こります。表現は，頭（知的）の活動のみに集中するのでなく，からだや感情と

もつながり，人間存在のすべてに関わる活動となるために，統合感や満足感を得やすいのです。またありのままの自分を出してよいことも，リラックス効果を促進します。

●すべての年齢層や対象に適用できる●

芸術療法は，子どもから大人，高齢者まですべての年齢層に実施することが可能です。また健常者や障害をもった人，発達障害や精神障害をもつ人にも適用が可能です。対象によって，適用の方法は異なります。

●作品という枠に守られる●

無意識のものを表現するために，自分の意識にとっては未知なもの，侵入的なものとも直面しますが，表現する「作品」という枠に守られています。「作品」とは，芸術的に高度の表現という意味ではなく，絵なら絵という枠，詩なら詩という形式の枠です。生(なま)の内容がこの枠に沿って表現されるので，ある程度蒸留され，浄化されたものが表現されます。あえて生の表現を行うこともちろん可能です。また作品は，表現の器(うつわ)となって，表現を受け止めてくれます。

●表現は自己の確立を促進する●

芸術療法は，アート表現の完成度の高さを求めないので，子どものころの表現活動に近いものがあります。思うままにからだを動かす，つぶやく，歌う，絵をなぐり描く，ごっこ遊びをするなど，心の動きをそのまま外に表すプロセスです。この活動は，外界と交流し，認知や思考を発達させるものです。また自分という感覚を確かめ，確立する上で，外界に自分を映し，受け止めてもらうということが必要です。このプロセスがセラピストという存在によって支えられます。子どもは楽しみながら，知，情，意を伸ばしていくわけですが，そのプロセスと同様，大人であっても表現し，それを他者に受け止めてもらうことによって，自分を発見し，自己が確立されていきます。自分

を知るということは，からだの感覚，感情，認知のそれぞれのレベルがすべて関わります。

●表現は成長を促進する●

人が今自分の中に起こっていることを知り，受け止めるときに，生命が本来もっている前進の方向に自ら進んでいきます。このことは，フォーカシングを考案したジェンドリン[注5]の考えと一致します。体感や言葉にならない部分を大切にして，探っていくことで，生の意味や次に進む方向性がおのずから開けてきます。まだ言葉にならない，漠然とした感覚に注意を向け，からだの感覚やイメージを含めて大切にプロセスを促進するのがフォーカシングですが，芸術療法で表現するときも，無意識の内容が浮上します。そしてその表現を味わううちに自分についての気づきが起こります。その気づきは，次に自分が進む方向を指し示してくれます。

●作品という枠に守られ鑑賞できる●

作品は，生の内容でないので（例えば怒りの表現であっても，それは作品という枠や器に盛られたものです），そこに同席する他者が，味わうことのできるものとなります。「味わう」とは，その内容に圧倒されることなく，作品という枠に守られて，そこに表現されたものに思いをはせ，共鳴・共感し，感情や思考を刺激され，感動することができるということです。適度な距離をもちながら，作品を尊重し，そこに同席する他者も自分の存在（心とからだ）を通して，その作品や作者と関わることができます。

●作品の尊重が個人の尊重につながる●

そして作品が，あるがままに（アドバイスや意見を言われることなく，分析されず評価されず）受け止められることで，その作者が尊重され，受け止められることになります。言葉ですり合わせて，理解し受け止める作業ももちろん大切ですが，言葉で語られる内容の理解には長い時間と労力がかかり

ます。一枚の絵を受け止める場合は，そこにいて作者が絵について語ることを聞き，自分も心とからだでその絵を感じ，受け止めるだけです。言葉での細かいすり合わせは必要ありません。そしてその絵に表現されたことは，否定できない作者の個性であり，作者の表れです。その作品や表現が尊重されることで，作者は自分が尊重された体験をもつことができます。その体験は，自尊心を高め，自己肯定感[注6]を高めることになります。

●表現（作品）は，具体物であり，距離をとれる●

表現されたものは，具体的に眼で見ることができる具体物です。それを表現した者も，改めてその作品を鑑賞し，味わい，客観視することができます。そこでは，物理的に距離をもつことが可能です。外在化されたものを見ることで，内省が進みます。また他者のフィードバック（分析解釈でない個人的な反応や応答（レスポンス））によって，さらに新たな視点や気づきがもたらされます。ドラマやダンスは，具体的な作品として残りませんが，自己の心やからだにその表現の記憶は残り，見ていた者は，その証人（ウィットネス）となります。

●作品作りは，外界への積極的関与（内界と外界をつなぐ行為）となる●

人が心とからだという全体性を用いて，夢中になり，熱中するということで満足感が生じます。そして何かを作り出すということは，自己をこの世界（外界）で有効に用いるということです。自己を外界で活かすという有効感を感じることができます。また表現は，アクティブなものであり，行動であり，積極的な関与と言うことができます。からだを用いて外界と関わる行為により，心（内界）と外界がつながり，交流や相互作用が生じます。

●否定的なものを外に出せる●

表現アートセラピー体験者がよく感想を述べることですが，「否定的なものや嫌なものを，自分の外に出す」ことができます。そして「その否定的なものをよく見てみると，そんなに嫌なものでなくなったり，見方が変わって

肯定的なものが見えてくる」場合があります。例えば理性によって抑えられていた怒りや悲しみを表現して，その感情を受け入れることで，新しい見方が生まれます。ただし否定的なものを外に出す表現で楽になる人と，そこに表されたものから逆にネガティブな影響を受けてしまう人とがありますので，否定的なものを表現すれば，必ず楽になるとは言えません。

●希望をもてる●

たとえ今は実現が不可能なことであっても，それを絵で表現したり，演技したりお話を作ることで，自由な世界を作り，その状態を疑似体験することができます。こうありたい自分をイメージすること自体，希望をもつ行為です。そのことは心の可塑性を高めます。「言葉でこうなりたいと言えなかったが，イメージで表現できて嬉しい」という感想を述べる人もいます。どうしたら「こうなりたい自分」になれるか具体的にはわからなくても，そのイメージを表現することで未来に希望をもつことができます。

●自己効力感が得られる●

気に入らないものは作り変えることができるので，自己の効力性を感じられます。気に入らない絵を描いた場合，その絵を描き変えたり，別のものを作ることで外界を操作できます。技術が及ばないために無力感を感じる場合には，セラピストが技術的なサポートを行えます。

●心のリソースに触れられる●

言葉で心の問題を見つめていくと，どうしても否定的なループにはまってしまいがちです。「原因はこうで，結果はこうである」という因果律から抜けられなかったり，理由はわかっていても問題が解決できない，などです。芸術的な表現では，両極の価値やいろいろなニュアンスがすべて表現に盛り込めます。つまりアート表現は，直線的・因果的ではなく，包括的です。表現によって，自分の中の気づかなかった肯定的な要素が現れることも多く，

個人の潜在的なリソースに触れることが可能になります。

●新しい意味の創造●

　作品を作るということは，新しい意味を創造することです。創造行為は，新しい意味を提示するのです。例えば過去の体験を詩にするとすれば，それは新しい視点から過去を振り返ることになり，新しい切り口や意味を提供します。また作品には自分の現在の認知を超えたものが表現されます。直線的，理論的なものでない，象徴的な表現なので，そこからいろいろな意味を読み取り，汲み取ることができます。

芸術療法における危険性

　芸術療法における効果は，裏返せば危険性になることがあります。作品が十分尊重されない場合や，容易に分析解釈されてしまう場合などです。また作品には無意識の内容が織り込まれているので，作者がまだそれを受け取る準備ができていない場合があります。心のエネルギーが枯渇していたり，いろいろな内容を統合する力が弱まっているような場合は，感情を刺激したり，過去を振り返るようなエクササイズは難しいでしょう。対象によってどのようなエクササイズを用いるかは，よく検討する必要があります。この点に関しては，第4章で詳しく論じていますので，ご参照ください。

4. アートセラピーの歴史

　芸術療法を代表するものとして，アートセラピーの歴史を見ていきたいと思います。
　アートと人との関わりをたどれば，それは悠久の昔にさかのぼります。さまざまな宗教儀式は，アートと深く関わっており，太古の昔は宗教とアートという垣根さえない，渾然一体なものだったと思われます。アルタミラの洞窟画やチベット仏教における砂絵，エジプトの壁画など，そのような例は多

第1章 芸術療法と表現アートセラピー

数あります。

アートセラピー誕生の背景

近代においてアートセラピーが生まれた背景には，19世紀末〜20世紀初頭の『無意識』という考え方があり，それにはフロイト[注7]やユング[注8]などの心理学者が貢献しました。フロイトは精神分析学を打ち立て，自由連想法や夢分析を通して人の無意識を探究・研究しようとしました。ユングはフロイトの精神分析学から離れ，自らの分析心理学を創始し，無意識，そして人類に共通する集合的無意識を探究・研究しました。またユングは，自らの魂の探究，魂の危機からの回復のために，アートセラピーと呼べるものを自身で行いました。もうひとつの流れとして，アートの世界で写実主義を離れた印象派の絵画が台頭し，象徴主義が生まれ，人間の内面や夢，神秘性などを象徴的に表現しようとしました。また外的な現実を映すのではなく，魂の現実を反映させるシュールレアリズムの影響があります。それは，理性を超えた人間の心の内界，意識下にある心の暗闇やリアリティというものへの興味やそれに目を向ける姿勢です。また同時期に精神病の患者が自発的に描いた絵が注目されました。何人かの精神科医が患者の絵を集め（そのほとんどは好奇心から），ポール・マックス・サイモンというフランスの精神科医が研究を出版し注目を集めました。その流れをくみ1959年にはヨーロッパ病跡学学会が設立されます。その日本支部として1969年に日本芸術療法学会が生まれ，日本独自の芸術療法が発展しました。

アートセラピーに影響を与えた別の流れとしては，投影法のテスト（TAT[注9]やロールシャッハテスト[注10]）があげられます。また美術教育においても，より自発的な表現に価値を置く動きが起こり，その流れからも影響を受けています。

アメリカでのアートセラピーの発展

表現アートセラピーは，アメリカでの芸術療法の流れから生まれたものな

ので，アメリカでのアートセラピーの歴史を簡単に解説します。

　アメリカでのアートセラピーの誕生に大きな貢献をしたのが，マーガレット・ナウムブルグ[注11]です。彼女は1914年にウォールデンスクールを創設した教育者でもあります。アートセラピーにおいては主に1940年代から60年代に活躍し，アートセラピーの創始者と言われます。ドイツ系でユング派やフロイト派の精神分析を受け，ジョン・デューイ[注12]やマリア・モンテッソーリ[注13]にも学んでいます。アートが無意識への王道であると考え，表現のみでなく言語化と洞察が大切と考えました。彼女は精神分析に基づいた「力動的アートセラピー」を実践し，「自発的描画法」や「なぐり描き法」などの技法を考案しました。彼女は常に本人の解釈を尊重したと言われています。

　もうひとりアートセラピーへ大きな影響を与えたのが，1950年代から活躍した，ハンガリーからナチスに追われて亡命してきたアーティストの，イーディス・クレイマー[注14]です。アートは昇華への王道だと考え，創造的プロセスを強調しました。クレイマーも精神分析に親しんでいましたが，無意識の意味を解釈する立場はとらず，創造的行為自体が治療的であるとする立場に立っています。

　ヨーロッパのアートセラピーが病跡学の影響を強く受けたのに比べ，アメリカのアートセラピーは病跡学から離れました。アートを診断に使うのではなく，アートを治療と癒しに用いるという立場に立ち発展しました。1969年に35人のアートセラピストが集まり，アメリカアートセラピー協会が立ち上げられました。その後1970年代に修士レベルのアートセラピーのプログラムが生まれました。1975年には美術のバックグラウンドをもつ者が75％でしたが，1990年には心理のバックグラウンドをもつ者が75％と逆転しました。

　前述したように，芸術療法は心理療法と芸術の両分野が関わるため，芸術療法における心理療法の側面を強調する立場（art psychotherapy アートサイコセラピー）と，芸術そのものがもつ治癒力や創造的プロセスを強調する立場（arts as therapy アートアズセラピー）のふたつの流れがあります。

心理療法の側面を強調する立場では，作品についての言語化やクライエントとセラピストの関係性が重視され，芸術そのものの治療力や創造的プロセスを強調する立場では，制作のプロセスや表現そのものを重視します。

また芸術療法においては，心理療法のさまざまなオリエンテーション（流派）が反映され，精神分析的（または心理力動的）アートセラピー，ユング派アートセラピー，ロジャーズ派アートセラピー，人間性心理学派アートセラピー，行動療法派アートセラピーなど，さまざまなアプローチがあります。

その後の芸術療法の発展ですが，さまざまな表現媒体を統合して用いる表現アートセラピーが1970年代に生まれました。また1990年以降アートのもつ治癒力が注目され，アートと医療という切り口ではアーツメディスンとして発展しています。また近年では，アートにおける人と人を結ぶ機能が注目され，コミュニケーションの促進や地域起こしとして，アートが用いられています。

また前述したように，これからのビジネスにおいて，アートのもつ可能性が注目されています。これからのビジネス界で必要とされる人材は，創造力があり，かつ共感力を備えた人間とされており，創造性や共感性を育てる上で，大きな力を発揮するのがアートであると考えられているのです。

さらに学習促進におけるアート表現の効果も研究されています。マルチプルインテリジェンス（多重知能）という知能の考え方を提唱している，ハワード・ガードナー[注15]は，さまざまな知能の特質をもつ生徒がよりよく学習するためには，身体を用いる表現やヴィジュアルアート，ドラマなどのさまざまなアート表現を用いることが効果的であると考えます。カナダでは，LTTA（Learning Through The Arts ラーニング・スルー・ジ・アーツ）というプログラムがトロントの王立音楽院（The Royal Conservatory）で考案され，公立学校の中での学力向上のために，さまざまなアート表現を用いた授業を実施しています。またアメリカのレズリー大学でもクリエイティブ・アーツ・イン・ラーニング（Creative Arts in Learning）という部門で，アート表現を通して学習を促進し，教科をいかに効果的に教えるかというトレ

ーニングを教師に行っています。この部門は表現アートセラピーの学部とは別に教育学部にあります。

クリエイティブ・アーツセラピーと表現アートセラピー

　クリエイティブ・アーツセラピー（Creative Arts Therapy）もしくは表現セラピー（Expressive Therapies）と呼ばれる芸術療法があります。これはアメリカを中心に発展したセラピーで，分析やアセスメント（診断）よりも，アート表現や創造的プロセスによる治癒的な働きを重視する芸術療法です。

　クリエイティブ・アーツセラピーは，マルチオディの定義によれば[注16]，ヴィジュアルアート，音楽，ダンス・ムーブメント，詩やクリエイティブ・ライティング，遊戯，箱庭を単一もしくは複合的に，心理療法やカウンセリング，リハビリテーション，またはヘルスケアの枠組みの中で用いる療法です。

　またクリエイティブ・アーツセラピーは，絵や音楽またはムーブメントなどの非言語的な方法で自己表現することで，心理療法家やアーティストが重篤な精神病にある人々を援助することができると発見した1930年代，1940年代に広く知られるようになりました。カンザスのメニンガークリニックやワシントンのセント・エリザベス病院などで治療にアートが用いられました。

　この立場に立つ療法家の多くは，アートや音楽，ムーブメントなどをアセスメントに使うことを実際的でないと考えています。そのような主要な研究データが不足しているし，表現をそのために用いることは，多くの場合生産的でないと考えるためです。しかしながらアートセラピーやミュージックセラピーその他のセラピーで，フォーマルなアセスメントが他の精神的，行動的，発達的なアセスメントに付け加えるために開発されているのも事実です。

　クリエイティブ・アーツセラピーは，もともと芸術と創造的な精神（スピリッツ）がメンタルヘルス領域にもたらす希望やヴィジョンによって，刺激され，芸術のもつ癒しの力を促進しようとしました。初期には精神科の病院を中心に発展したクリエイティブ・アーツセラピーは，いまや学校やホスピス，地域センター，災害関係のプログラム，教会，刑務所，裁判所，文化施設や仕事場へと広が

りました。人々のもつ創造的な欲求に応える場所すべてに広がったのです。

クリエイティブ・アーツセラピーは，精神的な障害，認知の障害，トラウマや喪失，依存症，人間関係の問題，発達障害などに用いられ，個人療法，家族療法，集団療法で行われます。

このようなクリエイティブ・アーツセラピーの発展の中で，1970年代に生まれたのが表現アートセラピーです。

5. 表現アートセラピー（Expressive Arts Therapy）の歴史

前述したように，クリエイティブ・アーツセラピーが発展する中で，比較的最近（1970年代）になって生まれたのが，表現アートセラピーです。表現アートセラピーも，分析やアセスメント（診断）よりも，アート表現や創造的プロセスによる治癒的な働きを重視する芸術療法です。その意味でクリエイティブ・アーツセラピーの流れをくんでいます。

1970年代に表現アートセラピーが確立したと言われていますが，いろいろな人々がひとつ以上の媒体(モダリティ)を用い始めたのは，それ以前のことでしょう。

記念碑的な出来事として，1974年にボストンのレズリー大学で表現アートセラピーの修士課程が生まれました。このコースを作ったのが，ショーン・マクニフとパオロ・クニルです。1984年にはカリフォルニアでナタリー・ロジャーズが表現療法研究所を作りました。この3人については後述します。1988年にはジャック・ウェラーがCIIS（カリフォルニア統合大学院）に表現アートセラピーの3年間の修士課程を作りました。1994年にパオロ・クニルは，ヨーロッパで表現アートセラピーの大学院である，EGS（ヨーロッパ・グラジュエート・スクール）を創設しました。現在博士課程がレズリー大学，CIIS，EGSにあります。

そして1994年に国際表現アートセラピー学会（International Expressive Arts Therapy Association，通称IEATA）が生まれました。これによって，いろいろなモダリティを用いる芸術療法は，表現アートセラピー（Expressive

Arts Therapy）として統一的に呼ばれるようになりました。これにより国際的な資格制度も確立しました。

表現アートセラピーがひとつの分野として確立するまでには，背景にたくさんの個人の新しい試みや，この分野でのパイオニアの活躍がありました。アートセラピストが，アートセラピーの中にダンスを取り入れたり，ダンスセラピストがダンスセラピーの中にアートセラピーを取り入れたり，音楽療法の中にイメージが取り入れられたりなど，個人のレベルでいろいろな試みがなされました。

図1　表現アートセラピーの作品例①

この分野のパイオニア，実践家，理論家を代表するのが，前述したショーン・マクニフやパオロ・クニル，そしてナタリー・ロジャーズです。このほかにもたくさんの人たちが独自の取り組みをしてきました。次節では代表的な表現アートセラピストを紹介しますが，その前に歴史の中で埋もれがちな個々の取り組みの中のひとつを紹介したいと思います。

表現アートセラピーにつながるひとつの試み

そのひとつの流れは，カリフォルニア州立ソノマ大学のエクスプレッシブ・アーツという学部での試みです。ソノマ大学は私が20代のころに学んだ場所なので，大変懐かしい大学です。ソノマ大学は人間性心理学派の学者たちが集まって，1960年代に創設されました。当時アメリカで人間性心理学を勉強できる数少ない大学のうちのひとつでした。生徒と教授は上下関係ではなく，お互いを尊重し，互いから学び合うという気風が強く，大学運営もとても民主的に行われていました。他の大学から見学に来た関係者が驚くような，大学全体が温かい雰囲気をもっていたそうです。

私自身この学部と少し関わりがありました。その後表現アートセラピーの歴史に興味をもち，この部を創設したレッド・トーマス教授とのインタビューを数年前に行うことができました。以下はそのインタビューから得た情報です。

ソノマ大学を設立した中心的人物であるレッド・トーマス教授とその友人であるマック・マクレリー教授（両教授ともに人間性心理学者）が，心理学部とは別にエクスプレッシブ・アーツという学部を作りました。その学部では，表現アート（エクスプレッシブ・アーツ）を使って自己探求や学習を行いました。両教授は，カール・ロジャーズとも交流があり，その学部はパーソンセンタード・アプローチ（以下 PCA）（第 1 章 34 頁参照）の哲学によって運営されていました。学生の自主性や方向性を最大限に尊重し，小グループでのサポートやディスカッションが重視されました。学生は個人として尊重され，コミュニティに貢献できるリソースとしてサポートを受けました。

残念ながら 1980 年代にレーガン政権となったあと，政府の政策転換により保守的な流れがソノマ大学にも影響を与えました。新しい学長が就任し，人間性心理学的なアプローチは評価されず，エクスプレッシブ・アーツの学部も廃部となったことは，大変残念なことです。

私自身が，ソノマ大学の大学院で心理学を学んでいたころ（1980 年代初め），エクスプレッシブ・アーツ学部の授業もとっていました。当時ライト・パットニー教授が前述の二教授とともに教鞭をとっていました。私は主にパットニー教授の授業をとり，個人的な親交をもちました。そこはとても自由で，学生の自主性に任せる雰囲気がありました。私が学んだ時期は，人間性心理学がその絶頂期を過ぎたころで，心理学部には自由な気風をあまり感じなかったので，少し寂しく思ったものです。このエクスプレッシブ・アーツ学部には，その自由な気風がより濃く残っていました。

ナタリー・ロジャーズとともにパーソンセンタード表現アートセラピーを実践してきたシェリー・デイビスは，この学部で学んでいます。シェリー・デイビスは，日本でのパーソンセンタード表現アートセラピーのトレーニン

グにも関わり，日本でのこのアプローチの発展に貢献しました。彼女は，ここで体験したPCAに大きく影響を受けたと語っています。

　上述したのは，表現アートセラピーの流れを形作ったひとつの歴史ですが，このように多くの人々が，表現アートセラピーという分野の創造へ貢献していることでしょう。この分野が確立する以前，さまざまな表現を用いる自分のやり方をマルチ・アートセラピーと呼んだ人もいます。著名なダンスセラピストである，アンナ・ハルプリンも自分の研究所（タマルパ・インスティチュート）のトレーニングやワークショップで，ダンスとともに絵画などの表現も取り入れており，娘のダリア・ハルプリンは，表現アートセラピストとして活躍しています。

6. 表現アートセラピーにおける理論と実践

　表現アートセラピーの分野を代表する実践家・理論家について述べたいと思います。表現アートセラピーに大きな影響を与えたのが人間性心理学だと，私は考えていますので，まず初めに人間性心理学からの影響について述べたいと思います。続いてこの分野を代表する3人，ナタリー・ロジャーズ，そしてショーン・マクニフとパオロ・クニルを紹介します。

人間性心理学

　人間性心理学（Humanistic psychology）という言葉をあまり聞いたことのない方もあるかもしれません。人間性心理学は，アメリカで1960年代に生まれた心理学の新しい潮流で，心理学や心理療法に，非常に大切な哲学を提示しました。人間性心理学は，心理学において自らを第三の勢力と呼びました。人間性心理学は，第一の勢力を精神分析，第二の勢力が行動主義と考えました。1960年代にこの人間性心理学が生まれたころには，アメリカでは精神分析と行動主義が主流でした。そしてこのふたつのアプローチを批判

する新しい立場として登場したのが人間性心理学です。

人間性心理学の第一の特徴は、人間のもつ潜在的可能性、成長力への信頼です。人間性心理学は、すべての人が成長する力と可能性をもっているのだと考えます。問題や病理にのみ焦点を当てず、人のもつ健康的な部

図2　表現アートセラピーの作品例②

分を評価し、健康さや成長、自己実現を研究しようとする立場です。現在の問題に対して過去の原因のみを追究せずに、現在から変化や成長のきっかけを見つけようとします。精神分析におけるように過去の生育史からの分析解釈を行わず、現象学的観点[注17]に立ち、現在のクライエントの体験に寄り添います。また人の存在を、心や知性のみでなく、精神性やからだからも捉えるという視点をもっています。キーワードは、「いま、ここ、からだ、対等性」です。セラピストは権威者としてではなく、対等な人間存在としてクライエントに関わることが重要とされます。

人間性心理学は、精神分析や行動主義を批判したアブラハム・マズローやカール・ロジャーズ、ゲシュタルトセラピーを創始したフリッツ・パールズ[注18]などが中心になって確立されました。そしてその哲学をもとにさまざまな心理療法が生まれました。多くのボディワークもこれを契機にして生まれました。

人間性心理学は、精神分析が主に人間の病理に焦点を当て、心の問題の原因を過去に求める点を批判し、人間の健康へ向かう力や成長力を信頼し、過去よりは現在に焦点を当てようとしました。また人間の行動が刺激と反応により形成されると考え、主体性や内面的な側面を取り上げない、行動主義的心理学に対しても批判を加え、人間の個性や意志を尊重する立場をとりまし

た。

　つまり人間性心理学は，人間の病理よりも健康さや成長力に着目し，人間が刺激と反応以上の独自性，主体性をもつものと考えます。また過去よりは現在に注目し，未来を志向します。人間の体験を現象学的な見方で捉え

図3　表現アートセラピーの作品例③

ようとします。つまり人の体験を独自で，型にはめることのできない，一回性のものと考えるのです。

　人間性心理学は，人間は主体的で意志をもち，自己実現を求め，価値を追求する存在であると考えます。そしてそのような人間の尊厳，自主性を尊重し，一人ひとりの人間に固有な潜在力の発展・援助に関心をもっています。

　人間性心理学のもうひとつの特徴が，マルチン・ブーバーが述べている「我と汝」[注19]の関係です。そこには，相手をふたつとない個性の持ち主として尊重する対等な目線があります。セラピストは，クライエントの前に権威者として立ちません。セラピストは，同伴者なのです。もちろんセラピストとして専門的トレーニングを積んだ専門家ではありますが，クライエントについては，クライエントから学び，クライエントの自主性や主体性を促進する姿勢をとります。

　表現アートセラピーやクリエイティブ・アーツセラピー全体に関して，人間性心理学が影響を与えています。作品や表現から診断や解釈をするのでなく，創造的な行為やプロセスの中に存在する癒しに注目し，クライエントの潜在的可能性を引き出そうとします。アメリカの人間性心理学とヒューマン・ポテンシャル・ムーブメント（人間性回復運動）[注20]が心理療法やセラピー全般に与えた影響は非常に大きいと言えます。

もちろん人には心の影や病理という，暗い側面や限界も存在します。私自身は人のもつ限界や病理，影の部分も軽視することなく見つめる必要を感じています。その上で人のもつ潜在力や成長力を最大限に尊重することが必要と考えます。

パーソンセンタード表現アートセラピーと人間性心理学
　パーソンセンタード表現アートセラピーは，特に人間性心理学との結びつきが強いと言えます。なぜならPCAは，人間性心理学の創始者のひとりであるカール・ロジャーズによって確立されたからです。パーソンセンタード表現アートセラピーの創始者のナタリー・ロジャーズは，カール・ロジャーズの娘です。彼女の中には，父であるカール・ロジャーズが確立したPCAの哲学が脈々と流れています。ナタリーは，このアプローチを非常に大切に思い，その重要性を強調しています。

　パーソンセンタード表現アートセラピーでは，現象学的なアプローチで作品とクライエントに対峙します。すなわち作品そのものが自ら語り，体現するものを見，聞き取ろうとする姿勢です。作品と作者から立ち現れるものを受け取り，作者が作品と対話するプロセスにおいて，セラピストがひとりの「我」，個人としてそれに付き添い，関わるのです。その独自な，一回性の関係，一期一会の中でセラピストは，その作品に対して感じたことを述べます。それは分析や解釈ではなく，そのときセラピストから生まれる応答(レスポンス)であり，フィードバックなのです。

　表現アートセラピーの分野では，一般的な意味での分析解釈を行いません。セラピストがクライエントの作品を目の前にして，その作品を理解し共感する上でセラピストの中から生じるフィードバックや問いかけがなされます。セラピストはもちろん心の専門家ですが，クライエントよりもクライエントの心についてより知っているという，権威者としてクライエントの前に立ちません。ただしアートセラピーにもいろいろな立場（精神分析派，ユング派，人間性心理学派など）があるのと同じように，いろいろな表現様式(モダリティ)を取り入

れる表現アートセラピーの実践において，精神分析派やユング派などさまざまな立場をとることは可能です。

分析解釈について

特にパーソンセンタード表現アートセラピーでは，厳格に分析・解釈を避けます。

分析や解釈は，分析的な手法であり，精神分析学から発展した手法です。絵画やアート表現を分析する場合には，精神分析学やユング派分析心理学の深層心理に関わる知見の蓄積から，心理を読み取ることになります。ある象徴や色や形などの解釈は，たくさんの絵とそれを描いた人々の情報からなりたっています。たくさんの作品や人に直接触れ，絵画等の分析技法を発展させた人たちは，例えば絵を見てある傾向を読み取るとき（分析解釈を行うとき）に，戻っていくことができるたくさんの生のデータがあるはずです。ところが新しくこの分析を学び始めた人は，生のデータが少なく，習った知識が多いはずです。生のデータが少ない場合には，知識の方に生のデータを当てはめるということが起こりがちです。

私は分析的な手法を否定するわけではなく，深く分析技法を学び，たくさんの生のデータに触れ，訓練を受けた人が用いるべきだと思っています。また絵画テストなど，診断のための分析が確立しており，子どもや精神的な病を抱えている人のアセスメントの必要性や有効性を否定するつもりはありません。分析もテストも，その使い方に細心の配慮が必要だと思っています。

また分析や解釈が確かに心理を言い当てている場合も多くあると思いますが，分析のトレーニングを積んだ優秀な治療者は，めったに分析的なことは言わないでしょう。またその分析や解釈を本人が知っても，「ではどうしたらよくなるのか」がわからない場合も多々あります。臨床でのアセスメントや見立ては必要ですが，分析や解釈を安易に相手に告げることは避けるべきでしょう。

自分の体験を例にとります。以前私の表現（演劇的なもの）について，「自

閉的な傾向がある」とセラピストに分析されたことがあります。そのとき確かに自分にはその傾向があると思いましたが、その分析が役に立ったかと言えば、あまり役には立ちませんでした。「自閉的傾向」という言葉でくくられ、自分の気づきでなかったため、今度は「じゃあ、なるべく自分を出さなくてはいけな

図4　表現アートセラピーの作品例④

い」と、無理に逆の自分を強化しようとする強迫的な方向に働きました。分析されるよりも、自分がその表現をしていたときに、どんなことを感じていたのか、その表現を味わい、理解されるという方向で進められたら、きっと自然にそのときの自分に気づき、自分をより理解する方向に進めたでしょう。

　また例えば私が昔に描いた「オオカミの絵」を分析するとすれば、「オオカミは孤独を意味するのだろう」「この人は孤独を感じている」となるでしょう。それは多分正しいかもしれません。確かに孤独を感じていたことは自分でもわかります。しかし分析が私のそのときの体験や感覚を捉え、私にぴったりと感じられるものでない限り、その分析は私の役には立たないでしょう。セラピストがそのような可能性を踏まえて、温かく私を見守ってくれるのは役に立つでしょう。

　パーソンセンタード表現アートセラピーのセッションで、「オオカミ」について私が体験したのは、もっと主観的なものでした。「オオカミの体験」は、孤独について新しい発見を私にもたらしました。そのときのセッションでは、参加者はなりたい動物になってムーブメント（トーテムアニマルのワーク）を行っていました。私はなぜかオオカミに親しみを覚え、オオカミになったつもりで部屋の中を駆けていました。オオカミは孤独でしたが（ひとりで走っていました）、そのとき寂しくはなかったのです。自然との一体感を感じ

ていたからです。そのとき私は初めて「孤独だけれども寂しくない体験」をもちました。そしてその主観的な体験こそが，私に気づきを与え，癒しを与えてくれたのです。その人が自ら発見し，腑に落ち，受け止めたことはその人をエンパワーします。パーソンセンタード表現アートセラピーでは，表現者に寄り添い，傾聴することで，その人がその人自身の体験から発見し，その人にとっての意味を見出すことを援助するのです。

Column ●オオカミとの出会い●

既刊の『表現アートセラピー入門』にも書きましたが，イメージ誘導とムーブメントで自分のトーテムアニマルと出会うセッションで，オオカミになって動きました。オオカミが出てきたのはとても意外でした。オオカミは夜の森をひとりで走りました。湖の脇を駆け抜け，崖の上で月に吠えました。オオカミは孤独でしたが，寂しくはありませんでした。自然との一体感を感じていたからです。そしてオオカミのからだには野性の生命力が満ちていました。この体験は，孤独や寂しさをよく感じていた自分に，別の孤独「ひとりでも寂しくない，充実した感覚」（クラーク・ムスターカスの言うところの，ソリチュード）を教えてくれました。このソリチュード（ひとりでも寂しくない感覚）は，表現アートセラピーのトレーニング参加者がよく言及する「ひとりでいられる」体験（第3章参照）と似ています。

前述したフランスの精神科医ジャン-ピエール・クラインは，表現・創造・芸術および治療の国立研究所の所長でもありますが，その著書『芸術療法入門』の中で，解釈や診断をすることを以下のように，批判しています。「こうした解釈は，外的現実の，時ならぬ雑音が身体に入り込んでくるように，生身の人間に突然生々しく現実を呼び起こすことになる。……作品でも理解できないものがあり，無理にマニュアル的な説明や『解釈』を強引に押しつけるやり方ですべきではない」。さらに次のように述べて，芸術療法が可能性や未来に開かれたものであるという，私自身の考え方と共通する立場を表明しています。「芸術療法は再教育でもなければ作業療法でもなく，社会療法でもない。芸術療法は投影法テストではない。診断に役立つものではない。さらにたとえば『この絵画から死の観念が読みとれる』といった，人間の問題や悩みを暴くものでもない。芸術療法は障害や悩みや問題を劇にしたり，あるいは作品として創造したり，表象化することで，そうしたものからの乗越えを図る。問題がなんであるかを，そして過去においてなんであったかをあえてつまびらかにしない。それが何かでありえたものに，象徴を使って表現し，一つの創造からもう一つの創造へと動きを進めるのが芸術療法である」。

　つまり彼によれば，あえて曖昧なものは曖昧なもののままにすることで，「過去にはそこに存在しなかった自己の模索」を行うと述べています。過去の自分そのものを白日にさらすのでなく，ありえた自分，あったかもしれない自分に思いをはせ，新しい意味を汲み取ることで，自分の可能性に開かれ，自分を再統合し育てるということが，芸術表現の中の癒しだと私も考えます。

　彼の定義によれば，「芸術療法とは（心理的，身体的，社会的あるいは実存的）障害をもつ人びとの芸術的作品（造形，音楽，演劇，文学，ダンス）創作過程に寄り添うことである。この繊細な作業は人間の傷つきやすさを素材とし，でき上がった作品から無意識的な意味を解読することよりも，一つの創造から別な創造へと象徴的な展開を通して，自分自身の創りなおしを図ろうとするものである。芸術療法は自己を投影した謎に満ちた作品の芸術であり，自己を調べるように作品を調査する技(わざ)でもある」。作品に寄り添い，

作品（表現）を味わうことから，限定的な自分でない，より可能性や潜在力を含んだ自己の発見が生まれるということを，彼は述べているのだと思います。

またクラインは，作品は制作者以上のものであって，創造は自己を超えたものを含んでいると言及しています。「創造は自己を超えたものを含む」，というクラインの言葉は，ナタリー・ロジャーズが感じたこととも一致します。後述しますが，彼女はパーソンセンタード表現アートセラピーにおいて参加者がスピリチュアルな体験をすることが多いと述べています。私自身もそう感じています。芸術が太古の昔宗教と密接な関係があったように，芸術自体の性質が人間存在のすべてのレベルをつなぎ，包括するものだからなのでしょう。

エスティティック・レスポンス（審美的応答）

表現アートセラピーにおいては，分析解釈ではなくセラピストが作者や作品を真摯に受け止め，対話します。言葉での対話が中心ですが，時に行われるのがエスティティック・レスポンス（aesthetic response）という方法です。これは作品に関して言葉でレスポンスを行わず，こちらもアート表現（絵やムーブメント，詩，ドラマ）によって，その作品から感じたことを返す方法です。これは一対一のセッションでもグループセッションでも行われます。

例えばある人が描いた絵に対して，セラピストもしくはグループ療法であれば，グループの中の何人かの人（または全員）が，その絵を見て自分の中に感じるもの，わいてくるものを絵で返したり，ムーブメント，詩などで返します。絵に対してのみでなく，詩やムーブメントなどの表現に対しても，同じようにアート表現で返します。日本の連句に似ているかもしれません。

この方法は，作品や表現が言葉以上のものを表現し伝えるものなので，返す方もアート表現で返すことで，言葉以上のものを伝えることができます。

この方法は，言葉でのフィードバックとはまったく違う感覚に訴えます。この方法を体験した人の感想は，「アート表現で応答してもらうと，とても

自分の作品が尊重されたように感じる」というものです。そしてそれによって，作品がいろいろなレベルから応答してもらい，受け止めてもらっている実感をもちます。そこでは自分が他者という鏡に映し出されます。他者もそこである種の自己表現をするという，同等の立場に立ちながら，表現者に感応して，返してくれるのです。言葉でのフィードバックよりも，より深いレベルで自分の存在と表現が受け止められる体験になります。もちろんそこでは分析や解釈はなされないのですが，その応答（表現で返されるレスポンス）を味わう中で，自分についての受容や内省，洞察が起こります。言葉が取りこぼしてしまうレベルを確実にすくい取るという，表現の力がそこにも発揮されます。自分が確実に受け取られ尊重される実感をもてるのが特徴です。

ナタリー・ロジャーズ（Natalie Rogers）

　私が師事したのは，ナタリー・ロジャーズです。ナタリーはパーソンセンタード表現アートセラピーを1970年代から1980年代にかけて確立しました。

　ナタリーがこの療法を確立するまでの経緯を述べます。前述したようにナタリーは，有名な心理学者であるカール・ロジャーズの娘です。ナタリーはPCAに共感し，父カールとともに研究や臨床を行っていました。しかし彼女の中に葛藤が起こります。エンカウンターグループ[注21]において，「ずっと座ったまま話をするだけなのは，私には苦痛である」と。そして人が心理的に成長する上で，また自己発見を促進する上で，アート表現を行うことがとても効果があり，また深く自身の心の中を理解するツールであると考えたのです。

　ナタリーは，父カールの心理療法とは異なる自らの心理療法を確立していきました。当時は表現アートセラピーという領域が確立していたわけではなく，ナタリーは自分の体験をもとに自らの方法を探っていったのです。カウンセリングやグループ療法にアート表現を取り入れることで，より深く自己発見ができると考えたのです。

　ナタリー・ロジャーズは，1928年生まれです。父は心理学者で，母はア

ーティストでした。つまりナタリーは，父から受け継いだ心理学と母譲りのアーティストの資質を見事に統合したと言えるのです。

　彼女は両親の愛にはぐくまれ順調に成長しました。「アートと心理学への興味がごく自然に生じた」とナタリーは述べています。大学では，アートと心理学を学びましたが，22歳で結婚し，結婚後は子育てに専念しました。その後，人間性心理学の創始者のひとりであるアブラハム・マズローのもとで，32歳で心理学修士を取得し，子どもの遊戯療法家として臨床心理の仕事を始めています。このころから芸術療法を自らの臨床に取り入れています。彼女は結婚生活後半，夫が自分に期待する女性の役割と，自己を確立し自己実現したいという欲求のはざまでの葛藤を経験します。42歳で離婚し，東部からカリフォルニアに転居しました。この時期価値観の大きな転換が起き，フェミニズムへの理解を深めていき，アイデンティティ・クライシスともいえる時期を体験したのです。

　その時期ナタリーは，さまざまな芸術療法，身体表現，ヨガ等を学び，新たな自己実現，自己改革を遂げていきました。著名なダンスセラピストであるアンナ・ハルプリンと出会い，ダンスセラピーを学んだのもこの時期です。ナタリーは，まさに自らの体験をもとに独自の表現アートセラピーを生み育てていきました。そして彼女がカリフォルニアのサンタローサでパーソンセンタード表現療法研究所を設立したのは，1984年です。その経緯については『啓(ひら)かれゆく女性——中年期における変革の十年』で多くを語っています。そのプロセスの中でナタリーは自らアート表現の力や素晴らしさを体験しました。アートで自分を表現することの楽しさや，成長を促進する効果を実感したのです。彼女は今年83歳（2011年時点）になりますが，現在も現役でワークショップを行っています。

　しかしナタリーは，アート表現を取り入れるカウンセリングやグループ療法において，PCAという環境で行うことが非常に大切であることを認識していました。ですから彼女の表現アートセラピーは，パーソンセンタード表現アートセラピーと命名されました。ナタリーは，創造性というものを

生きる力と同等に捉えていますが，その創造性を促進する条件として，(1) 心理的安全 (2) 心理的自由 (3) 刺激され触発される体験を提供する，という3つの条件をあげています。心理的安全と心理的自由を体現するために，パーソンセンタードの環境が必須と考えます。

　カール・ロジャーズの同僚でフォーカシングを打ち立てたユージン・ジェンドリンは，人は自ら進む方向を知っていると考えます。カール・ロジャーズも同様に考えますが，ジェンドリンは，その進む方向を具体的に促進する方法としてフォーカシングを考案しました。同様にナタリーは，人がより深く自己発見し成長する方法としてパーソンセンタード表現アートセラピーを生み出したのです。

　フォーカシングと表現アートセラピーには共通点があります。ジェンドリンが研究で発見したのは，カウンセリングでの成功例は，「まだ言葉にならないような，曖昧で不確かな感覚や感情に気づき，それに注目しようとするクライエントは成功する」というものでした。フォーカシングではからだの感覚やフェルトセンスに注目することで，このプロセスを促進させます。表現アートセラピーでは，アート表現を行うことで自然に，意識に浮かぶ少し前のエッジ（もう少しで気づくことができるもの）の内容が表現されるのです。ですから作品から内省していくと，まさに成長や前進しようとする心の動きを促進するのです。

　オーソドックスなPCAでは，セラピストから積極的に何かを提案することを控えます。クライエントから出てくるものを最大限尊重するからです。現在パーソンセンタード表現アートセラピーは，PCAの分野で認められていますが，以前は積極的にエクササイズを提案するという点で批判を受けたこともあったようです。しかしその点においてナタリーは「エクササイズなどの教示は提案です。やらない自由もあります」と常に参加者の自由と安全を保障します。

　PCAの特徴は，クライエントや参加者を最大限に尊重するということです。本人がやりたくない場合や話したくないことは尊重されますし，エクサ

サイズや教示もその本人がそのとおりやるかどうか，本人の選択があります。これによって，参加者の心理的な安全が守られます。そして無理強いされないということで，自分の中の微細な声を聞くことが可能になります。大切なのは，「私自身がどう感じ，何をしたいのか」という，自分の声に耳を傾けることです。

　私自身，セラピストが強いリーダーシップをとり，指示をする方法も多く経験しています。確かに指示されたことを行うことで発見することは多く，貴重な体験ではありました。私自身は両方のアプローチを体験して，現在個人的にしっくりくるのは PCA です。その理由は，自己信頼の力です。PCA の方法は，安全であり，かつ自分で自分を発見するので，発見が確実に自分のものになります。自分にまだ準備ができていないものを突きつけられるのは，とてもつらくエネルギーを消費する体験になります。もちろん自ら発見したものでもつらい場合はあるのですが，比喩的に言うと「自然分娩」の痛みと表現できるかもしれません。しかし個人的な好みや置かれた状況によって，どのアプローチがフィットし，収穫があるかは異なることでしょう。多くの刺激がほしいときやインプットを求めるときがあるかもしれません。

　ナタリーの表現アートセラピーの特徴は，PCA を基本とする点と，ナタリーが自らの表現アートセラピーの中で用いているクリエイティブ・コネクションと呼ばれる方法です。

●パーソンセンタード・アプローチ（PCA）●

　ナタリー・ロジャーズが父親から受け継いだものが，PCA です。これはカウンセリングにおける来談者中心療法として，日本でもなじみの深いアプローチです。カール・ロジャーズ自身，自分の行う心理療法の呼び名を何回か変えました。ロジャーズは，最後に自分のアプローチをパーソンセンタード（人間中心）と呼びました。それは彼の仕事が，カウンセリングのみにとどまらず，教育界や産業界，国際紛争の解決など，対象が広がっていくにつれ，来談者のみでなくすべての人間を扱うものであると考え，これが彼のア

Column ●癒しとは？●

パーソンセンタード表現アートセラピーに参加した秋夫さん，30代後半の男性です。カウンセリングを学んでいる会社員の方です。

....

　私が初めて表現アートセラピーに参加した動機は，パーソンセンタード・アプローチ（PCA）について興味があり，体験したいとの考えからだったと思います。

　というのも，私は数年前からカウンセリングの勉強を始めていたため，PCA を会得することが課題のひとつだったからです。もちろん，カウンセリングのロールプレイや，文献から得た知識で，ある程度の理解はしていましたし，感覚をつかみ始めてもいました。しかし，今ひとつ実感に欠けていました。そんなときに出会ったのが，ナタリー・ロジャーズの表現アートセラピーです。そんなわけで，知識，技能優先でした。

　一方で私は以前から癒しについて実感を得たことがありませんでした。世間で癒し系なるものが流行っても，実際は効果も何もない，単なる宣伝文句にしか聞こえませんでしたし，イルカや犬，猫によるアニマルセラピーと聞いても「？？？」。嘘とまでは思いませんが，理解しがたいものでした。そんなわけで，ストレスは解消するもの。「癒し」という発想自体がなかったのです。

　私が表現アートセラピーのワークを通して初めに感じたことは，やはりPCA についてでした。カウンセリングのロールプレイのように言葉だけではなく，自分の動きや絵という表現を行うため，戸惑いや抵抗も多分にあったと思います。けれど不思議なことに，表現アートセラピーのワークではいつも全体を通して大きな安心を感じていました。この安心感こそがPCA なのではないか？　そう感じたのです。それまでは理解しようとがんばっていたことが，自然につかめるような気がしました。私にとって表現アートセラピーにおける PCA は，期待していた以上に実感しやすいものでした。そしてその感覚はとてもゆったりとしていて，心地よいもので

した。そのときに実感はありませんでしたが，これが「癒し」を感じ始めたきっかけだったように思います。

　"This is me（これが私）"というムーブメントのワークを行ったときのことです。私は前日の職場であった些細な行き違いがストレスとなり，少し塞ぎ込んでいました。ワークでは当然のようにそのときのイメージが全面的に反映された動きとなりました。「うるさい!!　近寄ってくるな！放っておいてくれ〜」。内容はともかく，イメージが新鮮だったせいか，ストレスが強かったのか，成長の賜物か……完全に表現に没頭（陶酔）していたと思います。終わった直後の感想としては「スッキリしたなー。ストレス解消できた！」でした。胸の内に溜まっていた思いを吐き出せたような気分で，イライラが消える感じがしていました。

　しかし，その後のシェアリングの中でパートナーが私の表現にいたく感動してくれたことに大きな衝撃を受けました。「私はただただ思いついたままに動いていただけなのに」とも思いましたが，話はいろいろと個人的なことにも及び，シェアリングするうちにスッキリしたと思っていた気持ちから，少し違った気持ちになるのを感じました。スッキリではなく，ほぐれる感じ？　マッサージを受けたような，温泉につかったときのような，少し優しくなれるような，そんな感じでした。それは，とても心地よくて，今までにも感じたことがあるような気がするけれども，はっきりしない感覚です。私はそのとき初めて「これが癒されるという感覚なのかな？」と感じられたのです。

　思えば，これまでの私は評価されることに過敏になっていたと思います。自己表現に対する戸惑いや抵抗はそんなところから来ていたのかもしれません。また，物事に対して考えたり理解しようとしたりすることには慣れていますが，感じることに不慣れでした。カウンセリングでも感情に寄り添って話を聞くのは苦手でしたが，今は感じられる自分をつかみ始めています。体験として，表現アートセラピーのワークを重ねるにつれて，表現することに慣れただけでなく，抵抗が少なくなり，評価を気にしなくなってきたように思います。いまは次に何を感じられるのか楽しみです。

プローチの最終的な呼び名になったのです。

　カール・ロジャーズは，カウンセリングにおいてクライエントが悩みを解決し，心理的に成長することを促進する条件は，簡単に言うと3つあると考えました。それは，カウンセラーが次の3つの条件を満たすことです。(1)無条件の肯定的関心（どんな人が相談に来ても，その人に肯定的な関心を寄せること），(2)共感的理解（その相手を内側から理解しようとすること），(3)自己一致（カウンセラーとしての役割と，人間としての自分が一致すること，すなわちカウンセラーの人間性や純粋さ），の3つです。セラピストがこの3つの要素を体現するときに，クライエントの心理的な成長が促進されることを，彼自身の実践と研究により発見したのです。難しい言葉を使っていますが，要約すれば，相手がどんな人であれ，セラピストが相談に来た人に肯定的で積極的な関心をもち，その人の内側から共感的に理解しようとし，セラピストの役割を超えて人間的な自分として相手と接するときに，相手は潜在的な可能性を伸ばし成長していくのです。

　ナタリーはPCAの哲学を受け継ぎ，表現アートセラピーが行われる「環境」を重視しました。クライエントや参加者の主体性を尊重し，クライエントとともにその場と時間を共有し，成長をサポートする安全で支持的な器と枠を提供する重要性を強調したのです。ナタリーが心を砕く点は，表現する上で心理的に安全でサポートされた環境を提供するセラピストの態度です。強制がなく，批判や分析，評価をされずに，「今のありのままの自分」が受容される環境で初めて，人は安心して自己を表現することができるのです。それは言葉であろうと，芸術表現であろうとなんら変わることはありません。むしろ芸術表現においては，一般的に抵抗をもちやすく（自分は絵が下手である，音痴である，踊りなどできない，等），羞恥心や劣等感を刺激するので，ことさら心理的に安全な環境が必要となると，私自身は考えます。

　そしてナタリーが発見したのは，心理的に安全で，分析や批判をされない環境で，非言語的な表現媒体（視覚的アート，ムーブメントやダンス，音楽やサウンド，声，ドラマ，ライティングなど）を用いて，自己の内面に触れ，

それを表現するときに，言葉のみでは到達できにくい自己の内面の豊かさや，創造性，生命力に触れることができるということです。ナタリーは，創造性とは，生命力(ライフフォース)そのものであると力説しています。そして問題中心のアプローチでない（何が自分の問題であるか等，悩みや問題のみを追究しない）のもこのセラピーの特徴といえます。

　私自身の体験からも，PCAの受容的で，批判や評価がなく，分析解釈もなく，「今のありのままの自分」を認めてもらえる安全な環境は，非常に大切だということを実感しています。安全な環境の中で，自由に表現することを奨励されサポートされると，真実の自己が顔を出すことができます。真実の自己，創造性の芽は，柔らかで，とても傷つきやすいのです。批判や分析，評価によって，それは簡単に摘み取られてしまいます。

　PCAは，現在イギリスを中心にさらに研究が進められ，発展しています。最近よく耳にするのは，認知症の患者さんに対するパーソンセンタード・ケアです。認知症の患者さんをその患者さんの内側の世界から理解しようとし，受容し，尊重することで，よりよい関係性を築き，患者さんの症状が軽減することが多く報告されています。その人を内側から理解し，尊重するアプローチは，年齢や症状に関わらず，有効であることがうなずけます。

●クリエイティブ・コネクション●

　ナタリーの表現アートセラピーのもうひとつの特徴が，クリエイティブ・コネクションです。それは異なる表現媒体を組み合わせて，連続的に表現していく手法です。例えばムーブメントを通して自分を表現することから始めて，時間をおかずに絵を描いたり，粘土に向かいます。または絵を描いたあとでその作品に触発されて詩を書いたり，物語を書いたりする方法です。

　ひとつのアート形態から別のアート形態へ移るプロセスの中で，表現者は螺旋を描くように，からだ，頭，感情，そして霊性の深みに下りていき，個人の本質的な中心，中核に触れることができると，ナタリーは考えます。そしてその中心こそ創造的なバイタリティの源泉だと彼女は考えます。彼女の

Column ●シェアリング●

　パーソンセンタード表現アートセラピーでは，シェアリング（分かち合い）のプロセスを大切にしています。2人の大学院生の感想です。

　　　　　　　　　　・・・・・・・・・・・・・・・・・・・・・・・・・・・・・・・・・・・・・

はるみさん：自分で表現する体験だけでなく，その後の「シェアリング」の段階も大きな体験となった。シェアリングとは，自分の作品のイメージを紹介しながら制作中の体験や自分の今の気持ちなどを互いに話すことである。……実際にシェアリングしたとき，相手が自分の表現についての紹介を一生懸命聴いてくれているのをひしひしと感じていた。どんな表現をしたのか，どういうイメージがあるのかわかろうとして聴いてくれ，受け入れてもらっている感覚を味わった。またこちらが相手の作品についての話を聞く際にも，その人の表現の仕方になるほどなと思ったり，その人が描きながら感じていた感情を一緒に味わいかみしめたりしていた。グループ全体の作品を見たときも，それぞれが違っていてその人らしさが表れているものがあったり，興味深い作品があったりした。「みんなちがって，みんないい」という言葉があるが，全員の作品を眺めてみると本当にその言葉の意味を実感した。

　　　　　　　　　　＊　＊　＊　＊　＊

　シェアリングで二人組や三人組を作ると，偶然組んだ人同士の間で，不思議にテーマが似ていたり，絵や作品に共通点があったり，「共時性」ともいえる出来事が起こることがあります。

　　　　　　　　　　・・・・・・・・・・・・・・・・・・・・・・・・・・・・・・・・・・・・・

あいこさん：その日，まったく違う場所で絵を描いていた仲間と，シェアリングの際に偶然二人組になり，絵を見せ合ったところ，自分自身の魂を表している部分がまるで同じように描かれていた。これがユングの「共時性」であり「集合無意識」なのだろうかと驚いた。深い部分で他の人とつながっていることを認識できたことで表現アートセラピーがいっそう魅力的に思えた。

2冊目の著書『表現アートセラピー』では，自らの方法について実例を豊富に用い，論じています。

　一般的に否定的な感情と考えられている怒りや悲しみ，寂しさなど，すべての感情が創造活動の原動力になるものであると，ナタリーは主張します。心の闇の部分も統合されるべき大切な自己の一部として考えられています。ナタリーにとって，特に「怒り」の感情は自身の原動力の大切な一部となっているのです。「怒り」などの否定的な感情を，いかに建設的に創造的に使うかということは，彼女の大きな関心事のひとつです。そして表現アートセラピーは，あらゆる感情を表現する安全な器となります。なぜなら表現アートセラピーは，作品のできばえを問わず，作品を創造するプロセスやその作品との対話を大切にするからです。

　パーソンセンタード表現アートセラピーのもうひとつの特質として，スピリチュアリティ（霊性）との関わりがあげられます。ナタリーが表現アートセラピーのトレーニングプログラムを提供する中で発見したのは，人々の創造性を活性化する場を提供するという目的を超えて，多くの参加者たちが自らのスピリチュアリティに目覚める体験を報告したことです。表現アートセラピーのプロセスの中で，自らの無意識に触れ，影と直面し，自己の深い個人的な世界に足を踏み入れ，内奥に向かうときに，普遍的，宇宙的なものと出会う体験が多くの参加者に起こりました。そこには創造性とスピリチュアリティ（霊性）の深い関わりがうかがえます。彼女自身，この普遍的なものとの出会いを多く体験しています。

ショーン・マクニフ（Shaun McNiff）

　ショーン・マクニフは，アメリカのアートセラピー学会の会長等にも就任した，著名な表現アートセラピストであり，著述家です。彼は初めアートセラピー（視覚アート）が専門でしたが，病院で患者や子どもと関わるうちに，さまざまなアート表現を用いる必要性や意義を感じました。1974年にボストンのレズリー大学で，パオロ・クニルとともに表現アートセラピーの修士

Column ●ショーン・マクニフのワークショップに参加して●

　2006年1月初旬に，ショーン・マクニフの3日間のワークショップに参加する機会があった。彼の本は読んで感銘を受けていたが，会うのは初めてだった。ボストンから車で3〜4時間のロウという場所で行われた。3日間と言っても初日は夜から始まり3日目はお昼で終了だった。

　参加者は20名弱。最初の晩は簡単な自己紹介後，壁に紙を貼って絵を描いた。からだを動かして，その動きを絵にするようにという教示であった。私たちが絵を描いている間，ショーンはドラムをたたき，フィルムの空き容器にお米のようなものを入れ，それをシャカシャカと鳴らしながら歩いていた。彼は自分が絵を描く人なので，ワークは絵を描くことが中心だった。その晩の最後はグループ全員が見守る中，それぞれが自分の絵を見せて，ムーブメントをした。

　次の日の朝，昨日の感想のシェアや夢のワークが行われた。印象に残った感想は，「人の絵を見ると私たちが行ったことのない場所に連れていってくれる」であった。

　ショーンは絵に対する反応（レスポンス）と解釈との違いについて語ってくれた。レスポンスとはその絵と関係をもつ，関わることであると。そしてそうすることでプロセスが完結するのだと。

　2日目も創作を行った。絵でなくても立体でもムーブメントでもよいと教示があった。ほとんどの人は壁に紙を貼り，絵を描いていた。私は立体作品を作った。ショーンはこの日もドラムとシャカシャカで音を出し，部屋の中を歩いていた。ショーンのこの伴奏は，創造力が刺激される感じがした。たまに邪魔になる人もいるようだとショーンがあとで語っていた。

　2日目の夜はパフォーマンスだった。8分くらいシンプルな動作やムーブメントを一人ひとりが行う。言葉は極力避け，その動きを反復する。4人がステージを共有して行った。私は「縮まる動きと広がる動き」をやり続けた。他には，ずっとミシンをかけ続ける人，人を待っている人，などである。繰り返す動き，そして観客が興味をもって見てくれることで，私自身「縮こまる自分と，また広がっていく」自分を十分ムーブメントから

味わうことができた。また観客になってみると，4人が別々の動きをしているのだが，それがひとつのシーンのように見えた。

　次の朝は，2日目の夜の感想を述べ合った。ショーンは，「私たちの文化ではお互いの美しさや素晴らしさを見る機会が少ない」「よいとされるものだけでなく，痛みや怖れといったものも心に触れてくる」「表現したものにレスポンスすることで新しいエネルギーが生まれる。何かを表現することは，それからまた受け取ることができる」と述べていた。また「イメージは私たちを傷つける意図をもたない」という言葉も印象的であった。

　その後また創作の時間がとられ，最後にひとりずつ全員がすべての作品（3日間の）を並べ，みんなが無言で見るという時間があった。すべての人の全作品を見る時間がとてもよかった。その部分は，心理療法というよりもアートの講座のような気がした。そしてこれこそが本当のアートの時間（お互いのアート表現を鑑賞する）だ，と感動したのを覚えている。こんな美術の時間があったら本当に素晴らしいだろう。

　ショーンのワークショップに出て，一番感銘を受けたのは，彼が参加者一人ひとりを非常に尊重することであった。作品を解釈しない点についても一貫していた。作品にレスポンスすることでプロセスが完結されるということを信じているのである。彼のワークショップは，構成度が高いが（枠はしっかりとある）自由であった。彼のフィードバックには，芸術を愛する姿勢がよく表れていた。別の参加者は，彼のことを「平凡で日常的なものの中に美しさを見出し，それを言葉で表現するのがとても上手」と評したが，私も同感である。

　そして私も久しぶりに自分自身の心の聖域に入り，その井戸から水を汲み，リフレッシュできた。そこには美しいものばかりあるわけではないが，あたかもワインが熟成されるように，私の人生の悩みや過去の痛みも熟成されていた。また他の参加者の表現に触れることも，自分を豊かにしてくれた。そして人との温かい交流，時間をこのようなかたちで一緒に過ごす素晴らしさを感じた。そのような空間を作るのが，セラピストの大きな役割なのだろう。

課程を創設しました。

　もともとの芸術は，美術，音楽，ダンス，文学，というような細かいセクションに分割されたものではなく，それぞれの媒体や表現がお互いに結びつき，支え合い，刺激し合う性質をもっており，表現アートセラピーは，その本来の芸術の姿に戻ろうとするムーブメントであると，彼は捉えています。その例として古代から人を支えてきた祭りや儀式をあげています。そのような祭りや儀式には，すべてのアート表現が用いられて，融合されていると考えました。

　さまざまな芸術形態をそれぞれ切り離して用いることによって，芸術の推進力を断片化する現代社会のパターンを引きずり，芸術のもつ生命力(バイタリティ)を失ってしまう可能性があることを警告しています。つまり身体の各部分をバラバラに分離させると，身体全体としての強さを失ってしまうというのです。

　またシャーマンと表現アートセラピストの共通性についても論じています。シャーマンも表現アートセラピストもともに，すべてのアートの力を借りて創造的な表現の中で心（精神(サイキ)）が自らを癒す機会を与えるからです。そしてともにそのコミュニティ（グループ）の人々の力を借りるのです。そしてシャーマンも表現アートセラピストもともに，身体の生物的な脈動が，より普遍的な宇宙のエネルギーの一部であることを理解し，そのいにしえからの生の源泉である脈動と人々をつなげる役割を負っていると，彼は考えます。

　セラピーの中で違う媒体で表現することで，自分が今関わる必要がある側面に私たちは連れてゆかれ，私たちを癒すような薬(メディスン)が動き始めると，ショーンは考えます。彼はアートをメディスンとして捉えます。これが彼のアートアズメディスンの考え方です。そしてそのメディスンを用いたプロセスの中で，緊張や葛藤は人生を肯定するものへと変容され，解放された創造性が，再び日常生活の中へ取り入れられるのです。芸術表現ほど，人の体験や感情，価値観など，人間存在の受け皿となり，それらを包括できるものは他にないと彼は説いています。

　夢と同様，自発的でアーティスティックな表現が，普通の意識では捉えに

くい感受性，考えや感情，希望等にかたちを与えます。そして夢では無意識が関与していますが，創造的な表現では意識と無意識の両方がともに関与し，協働することができます。これは言葉のみを用いるセラピーでは難しいことです。そしてまたすべてのアートを使うことで，ひとつの媒体では到達できない表現と自己理解に扉が開かれると，彼は考えます。ちょうどプリズムのように，さまざまな表現媒体を用いることで心の多様性が映し出されるのです。

また彼は作品や表現との対話が非常に重要であると述べています。イメージ・アビューズという言葉を用いて，短絡的な分析や解釈を慎む必要を説いています。

私は2006年にボストン郊外での3日間のマクニフによるワークショップに参加しました（コラム参照）。彼はとても気さくな人ですが，ワークショップをリードするときにはカリスマ性を感じさせます。もちろん彼は作品について分析や解釈を加えず，最大限の尊重をします。壁に紙を貼り，参加者は思い思いに絵を描きました。その間彼はドラムをたたきながらその場にいます。このドラムの音は邪魔ではなく，私たちの創造性を刺激してくれました。夜はシアター形式で，ムーブメントを使っての探求とパフォーマンスがありました。最後の日には，それぞれが自分の作品をみんなの前で分かち合いました。

彼の書いた『芸術と心理療法』は，この分野の教科書的な本となっています。この本は，2010年に翻訳出版しましたので（誠信書房），興味がある方はぜひお読みください。

パオロ・クニル（Paolo Knill）

パオロ・クニルは，ショーン・マクニフとともにレズリー大学に表現アートセラピーの修士課程を創設しました。その後スイスに表現アートセラピー専門の大学院であるEGS（ヨーロッパ・グラジュエート・スクール）を創立しました。私自身，EGSのサマープログラムに2回参加しています。

彼はスイス人でその経歴は幅広い分野にわたっています。大学では航空学を学び，その後音楽教師，教育心理学者，パフォーマー，コンサルタントなどの職歴があります。大学卒業時パイロットの試験を受けたときに，「発想があまりにもクリエイティブすぎる」という理由で試験に落ちたという逸話もあります。

パオロは，好んでインターモダルという言葉を使います。彼は表現アートセラピーを「インターモダル・エクスプレッシブ・セラピー（intermodal expressive therapy）」と呼びます。彼は，このセラピーの基礎は現象学的なアプローチであり，それが不可欠であると考えます。ですから彼もまた表現を直接的に分析解釈しようとはしません。

また彼のアプローチの特徴として，クライエントの表現をできるだけ「美」の高みに近づけようとする「審美的責務（aesthetic responsibility）」があります。そのため時にはクライエントに対して芸術表現上の技術的指示や介入を行います。その点は，ナタリー・ロジャーズの立場と異なります。

またパオロは，表現アートセラピストに必要な資質や態度を，ロウスキル・ハイセンセティビティ（技術は低くても洗練された感受性）として説明しています。彼は，表現アートセラピストを舞台監督に喩えます。表現アートセラピストは何でも屋ではなく，さまざまなアートの性質や効果，その統合について専門的に熟知しているプロであると考えます。ですからすべてのアートの技能に長けている必要はないが，さまざまなアートの特性を熟知し，また自分も深く体験をしていて，さまざまなアートをいかに統合し用いることに長けている必要があると考えます。

表現アートセラピーへの批判として，「ひとつの表現媒体の領域でさえ，深く習得するのには一生かかるというのに，すべてのアート表現の領域に長け

図5　表現アートセラピーの作品例⑤

るのは無理ではないか」、というものがあります。これに対して、パオロは前述したように、表現アートセラピストが、すべてのアート領域での技能に通じる必要はなく、それぞれのアートの特性や効果を深く理解し、それをクライエントやグループに応じて、ベストなセ

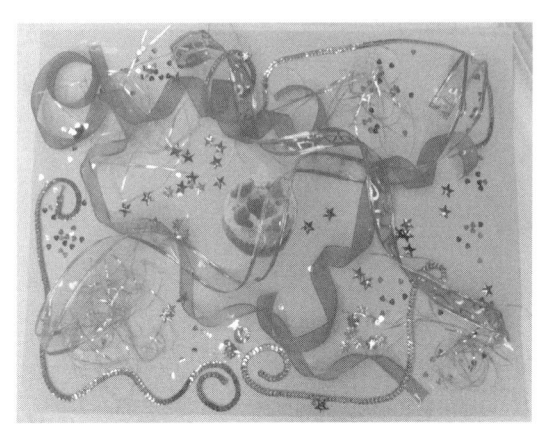

図6　表現アートセラピーの作品例⑥（著者による）

ラピーをデザインするのだと考えます。表現アートセラピストは、統合的な創造性におけるスペシャリストなのです。かつての吟遊詩人や語り部、そして昔からのアーティストは、アートを専門化せず、さまざまなアートをマスターして披露し、人の心に感動を与えていたとも述べています。

　またパオロは、ドイツで1950年代にウォルフガング・ロシャーが考案した多元美学（polyaesthetics）という学際的な（interdisciplinary）音楽教育の考え方を紹介しています。ロシャーは生徒の音楽的な才能を伸ばすためには、すべてのアートを学ぶことが有効であると考えたのです。この学校の生徒は、音楽や聴覚的な訓練だけでなく、ダンスの中のリズムの感覚に馴染み、構造、色、形に関わるヴィジュアルな能力を磨き、音楽のモチーフを発展させるためにドラマ理解を高めるなど、音楽的な素養に役立つ多様な感受性を身につける訓練を受けます。この方法は、現在でもドイツやオーストリア等で広く実践されています。

　パオロは、このような統合的なアート教育は、他にも多く見られると述べ、中国のアート教育も例にあげています。中国の伝統では、哲学や美学、音楽やヴィジュアルアートは、一緒に訓練されます。例えば画家は詩を書き、その絵の中に漢字を入れます。音楽家もすべてのアートを学ぶと述べています。

芸術の中での細分化・専門化は，人間の歴史において近年に起こったものだと批判しています。

パオロは，人間の想像力は，インターモダル（すべてのモダリティ――媒体が関わるもの）だと考えます。夢を例にとると，夢には，ヴィジュアルなイメージがあり，音もあり声も聞き，そこではからだの動きなどの感覚や味もあり，ドラマやストーリーが演じられます。

表現アートセラピーにおけるプロセスを，彼は「クリスタリゼーション理論」を提示して，説明しています。これは人間の基本的な欲求として，心的な素材（内容）が結晶化するのを求めると考えます。つまり感情や考えが最大限に明確化する方向へ進もうとする欲求です。そして内容が効果的に結晶化すると私たちは「ぴったりくる，明確であって，正しく，真実である」と体験します。この心理療法的な目的に達するためにアートというものが非常に役立ちます。イメージそれ自体が意味を開示することを助けます。また作品を作るにつれて，結晶化が進みます。

本章では，芸術療法の特徴や効用について述べ，芸術療法の歴史，表現アートセラピーの歴史と理論を述べました。表現アートセラピーにおいて私と直接関わりのあった，ナタリー・ロジャーズ，ショーン・マクニフ，パオロ・クニルについては，ファーストネームでの記述になっています。

表現アートセラピーは，比較的最近になって生まれた領域で，現在も発展中の分野です。国際表現アートセラピー学会は，2年に一度開催されていますので，興味のある方はぜひ参加してみてください（http://www.ieata.org/）。日本語通訳つきの発表やワークショップをコーディネートしてくれる場合もあります。事前に調整をお願いしてみるとよいでしょう。この学会は，研究発表とともにワークショップの数が多いのも特徴です。

注1) Angeles Arrien：この言葉は，ナタリー・ロジャーズの『表現アートセラピー——創造性に開かれるプロセス』（誠信書房）の，ナタリーとアンジェルとの対話の中で語られた（p. 64-69）。
注2) なかい まさかず：1900年生まれの美学者，評論家，社会運動家（1952年没）。中井美学と呼ばれる独自の美学理論を展開した。
注3) Abraham Maslow：1908年生まれのアメリカの心理学者（1970年没）。心の健康についての心理学の確立を目指し，人間の自己実現を研究した。人間の欲求の階層（欲求段階説）は，よく知られており，経営学や看護学でも言及されている。精神分析と行動主義を批判し，第三の心理学（人間性心理学）を提唱した。
注4) Jean-Pierre Klein：フランスの精神科医。フランスの表現・創造・芸術および治療の国立研究所の所長。引用は『芸術療法入門』（白水社）より（p. 7, 58-59）。
注5) フォーカシングは心の実感に触れ，生の前進を進めるためにユージン・ジェンドリン（Eugene T. Gendlin）によって考案された技法である。からだの中にある，まだ言葉にならない漠とした感じ（フェルトセンス）に注意を向け，それにぴったりの言葉やイメージなどを見つけることで，新たな気づきが得られ，気づきと成長の次なる段階に進む。フェルトセンス（felt sense）はフォーカシングの用語で，ある状況に関して自分がどう感じているかについて，からだに注意を向けると，まだ言葉にならずに漠然として感じられる複雑な身体感覚のこと。
注6) 自己肯定感とは，「自分の存在が本質的によいものであり，自分には価値がある」と感じられる，自己への肯定的な感情や感覚のこと。自分のことが好きと感じられ，自分の存在を肯定できる。この実感は，実際の能力や技能とは関係なく，ありのままの自分でよしと感じられる。
注7) Sigmund Freud：1856年生まれのオーストリアの精神科医で，精神分析学を創始した（1939年没）。フロイトの提唱した数々の理論は，のちの精神医学や臨床心理学の基礎となっただけでなく，20世以降の文学・芸術・人間理解に広く甚大な影響を与えた。
注8) Carl Gustav Jung：1875年生まれのスイスの精神科医・心理学者（1961年没）。深層心理について研究し，分析心理学（通称ユング心理学）を創始した。
注9) TAT（主題統覚検査）は，20枚程度の絵から自由に物語を作ってもらい，そこに自己が投影されるため，その物語の内容から人格を分析する心理テストである。

第1章　芸術療法と表現アートセラピー

注10) 無作為に作られた左右対称のインクのシミが何に見えるか，何を連想するかによって，ものの見方や外界との関わり方を分析する心理テストである。
注11) Margaret Naumburg：1890年にニューヨークに生まれる（1983年没）。その生涯を通して自由な教育，心理学と精神分析の研究，アートセラピーの開発に心血を注いだ。アートセラピーの創始者と言われる。ユング派とフロイト派の精神分析を自ら受けており，クライエントとセラピストの治療関係の重要さを強調する。
注12) John Dewey：1859年生まれのアメリカの哲学者（1952年没）。教育改革者，社会思想家でプラグマティズムを代表する思想家である。経験と内省を強調した。
注13) Maria Montessori：1870年生まれのイタリア初の女性医学博士であり，のちに独自の幼児教育法を打ち立て，モンテッソーリ教育法の開発者となる（1952年没）。
注14) Edith Kramer：1916年にウィーンに生まれる。1938年にアメリカに亡命する。スラムの情緒障害児のための施設などでアートセラピーを行い，1959年にニューヨーク大学でアートセラピーのトレーニングプログラムを開設した。
注15) Haward Gardner：現ハーバード大学教授。従来からの知能テストや知性の尺度では，人の知性や認識力を完全には捉えきれないと考え，「多重知能（MI）理論」を提唱している。
注16) Cathy A. Malchiodi編著の"Expressive Therapies"（2005）による定義。
注17) 現象学はフッサールによって創始された哲学の方法。現象学はその後ハイデガーやメルロ-ポンティ，サルトルなどによって深化，発展していった。真・善・美や精神などに関する問いや探究は，自然科学を中心とした実証的な学問では扱えないとし，すべての実証的な学問についてもその根拠を個々人の主観における妥当（確信）に求める。この方法は，自分の経験を見つめ，そこから善，美，自由，正義といった人間的な諸価値の普遍的な意味あいを取り出す試みでもある。客観的な世界は存在せず，世界を主観的にどう認知するかであり，世界とは私たちが意味を与えた世界であると考える。
注18) Friedrich Perls：フレデリック・パールズ（通称フリッツ・パールズ）は，1893年生まれのユダヤ人の精神科医である（1970年没）。その妻ローラとともにゲシュタルトセラピーを創始した。ゲシュタルトセラピーは，ゲシュタルト心理学や実存主義思想，禅などの影響を受けている。
注19) Martin Buber：1878年生まれのユダヤ教の背景をもつ思想家（1965年没）。『我と汝』は1923年の著書で，その中で彼は，世界には「我と汝」「我とそれ」の

ふたつの根源語しかないとした。「我と汝」の姿勢とは，上下関係のない対話的精神をさす。

注20）人間性回復運動，ヒューマン・ポテンシャル・ムーブメント（Human Potential Movement: HPM）とは，1960年代のアメリカにおいて，主に心理学やそれに影響を受けた一般大衆において生じたムーブメントで，「幸福」「創造性」「自己実現」の主体である人間の「人間性」や「人間の潜在能力」を，回復・発展させることを旨とした。

注21）エンカウンターグループは，カール・ロジャーズによって始められた出会い（エンカウンター）のグループ。このグループでは，参加者が本音で語り合い，グループメンバー同士の相互理解を深める。ファシリテーターと呼ばれるリーダーが促進的な動きを行う。集団療法のひとつと言える。カウンセリングの態度（受容，共感，自己一致など）を学ぶため，また自己発見，自己理解を深めるために有効とされる。

Column ●患者さんのしの笛●

　がんの末期の患者さんとカウンセリングをしていた時期があります。あるがん患者さんは，元気なころ，しの笛をよく吹いていたそうです。老人施設などを訪問しては，しの笛を吹いたそうです。そんな話をカウンセリングの中で聞いていました。ある日病室を訪ねると，その日彼はとても気分がよさそうでした。そして「しの笛を吹いてみたい」とおっしゃるのです。「うまく吹けるかなぁ」と不安そうでした。でも試してみると言って，私の前でしの笛を吹いてくださいました。とても美しい音色で，その曲に私はとても感動しました。そして患者さんは，その日ご自分がしの笛が吹けたことにとても満足して喜んでいました。アートセラピーのセッションでありませんし，私は何もしませんでしたが，アートによって大切な時間を共有しました。そしてまた患者さんのアートで私が癒された体験でした。

Practice of Expressive Arts Therapy

第2章
表現アートセラピーの実際

1. さまざまな現場での適用

　芸術療法は，広く臨床場面で適用されています。クリニックや病院，その他の施設など，多様な場所で用いられています。第2章では，表現アートセラピーが実際に適用される場所として，私自身が関わった一般の人対象の研修会（ワークショップ），高齢者施設，精神科クリニック，中学校を例にとり，どのように表現アートセラピーや芸術療法が適用されているかを解説します。日本で他に表現アートセラピーが適用されている場所としては，精神科の病院（入院施設のある），一般病院，産科・婦人科クリニックなどがあげられます。一般の方対象には，研修会や個人セラピー，企業内などで用いられています。

　また表現アートセラピーは，教育・医療・心理臨床・福祉に関わる人々の自己理解を深めるための研修として効果的です。自己理解にとどまらずバーンアウト防止としても効果を上げます。カウンセラー養成トレーニング等において，よいカウンセラーを育てる上での自己理解向上や自己研鑽においても効果があります。

　目的や対象者によってどのような表現アートセラピーのエクササイズを用いるか，検討が必要です。感情を刺激しやすいエクササイズと比較的感情を刺激しないエクササイズがあります。自我の強さ（現在の心のエネルギーの状態や統合力）によって異なるエクササイズを考える必要があります。自我

が弱まっている状態（精神科の患者さんや高齢者）の対象者に対しては，一般的には内省を促すタイプのエクササイズや課題ではないものを行います。この方たちに対しては，自己発見や気づきが目標でなく，創作活動によって自己評価を高め，自分の個性を発揮することでの自尊心の向上などが目標になります。また年齢層によっても，異なるエクササイズを考える必要があります。この点やエクササイズについては，第4章で詳しく解説します。

　本章で紹介するプログラム（エクササイズ）についてですが，高齢者に対して行ったプログラムでは，普通一般の方に行う表現アートセラピーとは異なるエクササイズを提供しています。精神科でのプログラムの一部では，一般の方に対する表現アートセラピーと同様なエクササイズを提供する例を示しましたが，これが可能になったのは特別な環境が整ったからであり，プログラムやセッションの構造も安全性を考慮した方法で行いました。詳しくは本章の中で述べます。また中学生へのアプローチの事例では，思春期という時期や学校という中での適用ということを考慮し，一番安全で効果を上げると思われるプログラムを考え実行しました。中学校での芸術療法の適用では，ドラマセラピーの枠組みで行いました。

　また本章で紹介する3つの実践（高齢者，精神科，学校）は，日本人間性心理学会で発表した事例をもとに構成しています。

　最初に一般の人を対象にした表現アートセラピーのワークショップの様子をご紹介します。一般の方に対して自己発見や自己成長，癒しのためにどんなワークが行われるかを，理解していただけると思います。最も一般的なかたちで行われる表現アートセラピーの例となります。

2．一般の人への適用

　表現アートセラピーは，心理的健康度の高い一般の人を対象にする場合，自己発見，自己成長，自己実現，問題解決，癒し，ストレス軽減，他者理解などの目的で行われます。一般の人対象としては，研修会やワークショップ

などを通して行われます。またカルチャースクール，種々の職員研修やカウンセラーの研修会，教師の研修会などでも行われます。大学や大学院の心理学，臨床心理学の授業でも導入されています。一般の方は，比較的心の健康度が高いと思われますが，中には深い問題を抱えていたり，ストレスを多く抱えている方もいるので，その点の配慮が必要です。

セラピーというと，病気や問題のある人が受けるものという印象をもたれがちですが，表現アートセラピーはストレス軽減，自己理解，他者理解，自己評価の向上，創造力の増大などに効果がありますので，健康な方にも利得があります。また表現は，人をより生き生きとさせる効果があります。心身が健康であっても，悩みがまったくない人は少ないので，心身が解放され，葛藤や問題解決のヒントを得たり，自己発見や創造性開発などのメリットを得られます。

一日ワークショップで行われる表現アートセラピー

カウンセリングを勉強している人たちやすでにカウンセラーとして仕事をしている人たちが主に参加する研修会（実際に行った一日ワークショップを取り上げます）で，どのように表現アートセラピーが行われるかを紹介します。ワークショップの名称は「絵や粘土を使った表現アートセラピー」です。表現アートセラピーでは，さまざまな表現を用いるのですが，この日は絵や粘土の表現を中心にして，からだを動かすムーブメントやライティングを少し取り入れて行いました。参加者は，産業カウンセラーの方たちを中心に臨床心理学やカウンセリングを学んでいる方，また表現アートセラピーに興味をもった方たちでした。

●絵や粘土を使った表現アートセラピー（一日ワークショップ）●

（10：00〜17：00）参加者16名

30分程度パワーポイントを使って表現アートセラピーについての説明をしてから，ワークに入りました。初めにその日の自分の心やからだの状態を

チェックし，自己紹介の時間をもったあと，ウォームアップの絵を描き，絵や粘土，からだの動き，ライティングを使って表現アートセラピーのワークを行いました。どんなワークショップでも私は，パーソンセンタード表現アートセラピーの原則をまず説明します。つまり教示に無理に従わなくてもよいこと，上手下手は評価されないこと，分析解釈を行わないことを説明します。そして参加者同士も上手下手の評価をしないこと，お互いの作品の分析解釈をしないことをお願いします。

(1) 心とからだのチェック

今日のからだの調子はどうか，少し時間をとって感じます。そのあとで今日の気分や気持ちなど，心の調子を感じます。そして今日の自分のキーワードを探します。それをもとに二人組で自己紹介をします。その後一言ずつ今日期待することを話してもらいました。今，ここの自分の心とからだを確認することによって，現在の自分について気づく入口となり，自己発見への導入として役立ちます。

(2) ウォームアップの絵を描く (15分くらい)

「めちゃくちゃ描き」の絵を1枚描く。いろいろな色を使って線を引いたり，塗ったり，色を重ねてみる。このとき，利き手でない方の手を使ってみます。汚い絵になるのを恐れずに，普段使わない色や嫌いな色も使います。実験なので，いろいろ試してもらい，上手下手は関係ないこと，分析解釈もされないことをもう一度説明します。

作品として仕上げるのでなく，いろいろなことを試してみる，汚くてよいということを話すと，皆熱心にクレヨンを動かしていました。「弱い線，強い線，曲線，直線，色を重ねてみるなど試してみてください」と教示すると，皆夢中になって描いていました。初めて表現アートセラピーをする人も多い中で，上手下手を問われない気楽さや汚い絵になってもいいという許可をもらって，参加者は新しい試みに没頭できたようです。

◆利き手でない手で描く利点◆
①上手下手が気になりません
②利き手はコントロール（抑え）がきく手ですが，利き手でない手の方が自由に表現できます

(3)「最近の自分」を描く （15分くらい）

次に今の自分や最近の自分の状態（体調，出来事，気持ちなど）を色と線で描いてもらいました。1枚目と同じように上手下手を気にせずに，「今の自分」をテーマに好きに色を塗ったり，線を引いてもらいました。具象でなく，抽象的に色と線で「今の自分」を表してもらうのですが，1枚目で色を塗ったり，線を引く練習をしているので，比較的やりやすくなっています。絵を描き終わったら，その絵を見ながらぴったりくる言葉を3つくらい見つけて，絵の裏にその言葉を書いてもらいました。絵を見てぴったりくる2,3の言葉を見つけるだけで，その絵の意味に気づく助けになります。

シェアリング（分かち合い） （15分くらい）

二人組で2枚の絵を書いてどんな体験だったか，何を感じたかを話し合ってもらいました。話したいところまででよいことを伝えます。シェアリングをすることで，話しながら新しい気づきを得ることがよくあります。シェアリングでは，分析解釈をしないことをもう一度お願いしました。

(4) 詩遊び

それぞれの見つけたぴったりくる言葉を白板に書き，みんなの書いた言葉を使って言葉遊び的に詩を書いてみました。まずひとりで書き，次に二人組で一緒に詩を書きました。言葉遊びの感覚で，詩を書く練習です。完璧な詩を書こうとせず，いろいろな言葉で刺激されたままに言葉をつづることで，詩に対する抵抗感が減ります。参加者から出た言葉は，「今の自分」に関わ

る言葉なので，なかなか深みがあります。

お昼休憩（12：30 〜 13：30）

(5) からだを動かすゲームと二人組のミラームーブメント

ちょっとした腹ごなしのゲームのあと，ミラームーブメントを行いました。ミラームーブメント（第4章のエクササイズでやり方の詳しい説明があります）とは，二人組で行うムーブメントで，ひとりの動きをもうひとりが鏡になったように真似します。

初めは体操ふうに，今動かすと気持ちのよい動きをひとりがして，もうひとりに真似をしてもらいます。あたかも鏡のように動きを返すのでミラームーブメントと呼びます。リードする人は交代します。

次に「『喜び』を動きで表してください」，という教示で，ひとりがどんな動きでも喜びを表現してリードします。相手の人がその動きの真似をします。リードする人を交代し，今度は「イライラ」を表現してもらい，相手の人が真似します。

今度は自由なテーマ，最近よく感じる感情を動きで表現して，真似してもらいました。これもひとりが終わったら交代します。「疲れや悩み」を表現する人が多かったようです。

このムーブメントをすることで，からだがリラックスしますし，型がない動き，自分のからだを使って感情や状況を表現するムーブメントに少しずつ慣れてきます。また相手が真似してくれることで，自分の動きや気持ちを相手が受け止めてくれる安心感をもつことができます。またからだの姿勢や動きによって異なる感情が生まれることも実感できます。

(6) 四人組での粘土遊び

粘土に慣れ，粘土で遊ぶ楽しさを体験するために，四人組で一緒に粘土の共同作業をしました。四つ切りの画用紙を台紙にしてその上に粘土の作品を

作ります。その台紙を囲んで4人で座り，ひとりずつ粘土を持ちます。言葉を使わずに順番に粘土を好きな形にして置いていきます。前の人のものに付け加えてもいいし，別のところに置いてもいいので，ひとりずつ何か粘土で作って置いていきます。共同作品の完成はそのグループの判断で決めます。

　終わったら，作っていたときの体験をシェアリングします。言葉を使わずに制作していたので，それぞれどんなことを感じながら作っていたのか，またお互いの意図などを聞く機会になります。粘土が初めてでも人の発想から刺激されたり，人が自分の粘土に何かを加えてくれると嬉しいものです。この作業も上手下手でなく，気が向くまま，やりたいようにやっていきます。よい作品を作ろうとするプレッシャーがないので，遊び心が発揮され，4人が打ち解け，いろいろなコミュニケーションが生まれます。

(7) できた粘土作品からお話を作る

　その粘土の作品から，めちゃくちゃなお話でいいので，お話作りの遊びをします。これは物語の世界に自然に入ってもらうためのエクササイズです。またお話を作るという即興の楽しみや計画しない流れの中に自発性が発揮されます。くだらない話やつじつまが合わない話でもよいので，自由に作ってもらいます。こんな遊びは多分皆さん小中学生のころに体験したことがあるでしょう。

　「できるだけ無責任にお話を作りましょう。話の筋が意味をなさなくても大丈夫です。遊びですから」と声をかけます。初めはちょっと躊躇していましたが，話が進んでいくと，皆楽しんでいました。心が緩まないと，個性や創造性はなかなか顔を出しません。また純粋に一緒に遊ぶという経験も大人になると少なくなります。「何年かぶりに大笑いした」という感想が出ました。このような感想は，このエクササイズに限らず，表現アートセラピーではよく出る感想です。

　休憩（14：45〜15：00）

(8) ひとりで粘土作品を作る（30分くらい）

今度はひとりずつ，粘土を手に持ちまず目を閉じて粘土を感じます。粘土がどんなふうに形作ってほしいかを感じながら，目を閉じながらしばらく粘土をこねます。途中で目を開けてよいので，手が動くままに任せて粘土を形作ります。

粘土との対話（15分くらい）

粘土作品が完成したら，粘土との対話をします。粘土が言葉を話すとしたら何を語るのかを「私は粘土です。私は……を感じています。私は……を望んでいます。私の悩みは……」というように文章を書いて，ライティングをします。

(9) 粘土のシェアリング

粘土を作った体験とライティングについて二人組でシェアリングします。この時点で私は「この粘土と今の自分と何かつながりや重なるところはありますか」と尋ねます。すでにこの時点で，この粘土がまさに自分を表していると気がついている人もいれば，この声かけで「そう言われてみれば」と気がつく人もいました。

(10) 全体でそれぞれの作品を見せてもらい，感想を聞く

最後の15分で今日一日の感想をひとりずつ参加者から聞き，ワーク終了。

この一日ワークショップでは，絵と粘土の表現に重きを置きましたが，からだの動きやライティングも行いました。また人と一緒に行う作業も入れ，楽しみながら人と交流する部分と，自分ひとりの内界に入る部分と両方の体験をしてもらいました。

参加していた方の感想は，久しぶりに童心に戻れたというものや，たくさ

Column ●この日参加した春樹さんの感想●

　春樹さんは臨床心理学を学んだ方で，表現アートセラピーに興味をもち，ワークショップに参加しました。自分自身と程よい距離感で出会えた体験でした。

....

　初めて表現アートセラピーに参加し，何かを作成することによって得る喜びを強く感じました。それらは，幼いころはごく自然と常に自分の中にあった感覚であったことを思い出しました。その感覚に触れ，何か懐かしいような，でも今までにやったことのない何か新しいことに挑戦しているような，不思議な気分になりました。丸一日，ずっとその感覚に触れていられたことによって多くの発見がありました。それは，主に自分自身についての発見や再確認だったような気がします。幼いころの自分，現在つねに頭のどこかにある考え事について，そしてこれからやりたいことについて等でした。それらと近すぎず遠すぎず，作品を通じて程よい距離を保って向き合えたようでした。

　絵を描いたり，詩を書いたり，からだを動かしてみたり，粘土で作品を作成したり……さまざまなワークで，そのときに感じられたありのままの自分を表現しました。一日を振り返ってみると，一つひとつのワークは，手段こそ異なっても，何かずっと同じで共通された軸のようなものがあったように感じられます。それは，自分自身の中に内在する「テーマ」でした。一つひとつのワークが星だとするならば，それらの延長線をたどると自然と星座になっていたような感じでした。自分自身でその全体像が見えてきたのは，ワークショップに参加して数週間後のことでした。

　また他の参加者と一緒にワークを行ったり，自身の作品についてシェアリングしたりすることによって，自分が受け入れられたような，とても温かい気持ちになったことを覚えています。何人か共同で作品を制作したときは，いつの間にか言葉以外のものでコミュニケーションが生まれていました。作品が少しずつつながり，広がっていくと同時に，ひとつの物語

ができ，その中にしっかりとメンバーと自分がいることを実感しました。ひとりで制作に取りかかるときとはまた違った楽しみや喜びがあり，その刺激によって作品は自分の想像を超え，そこに新たな出会いがありました。またグループで得たものは，あとで行われたひとりで取り組むワークにも影響があったと思いました。それは，この日の最後のワークにおいて，私の粘土作品は「くっついたりバラバラになったりその繰り返し」が自然とテーマになっていたことからも，どこかで他の参加者との今日の出会いと別れを表現していたのではと，今になってみればそんな気持ちになります。

　ワークショップの一日が終わると，ぐったりなるくらいワークに夢中になっていたことに気づき，日が暮れるまでとことん遊んだ昔の日々を思い出しました。五感すべてを使って取り組んだからでしょうか，半年たった今でもそのときの気持ちや状況をすぐ思い出すことができます。改めて作品を眺めると，当時の自分の気持ちを手にとるように感じ取ることができました。なぜか今現在の気持ちと同じだったり，新たな発見があったりもします。私にとって表現アートセラピーはとても不思議で興味深い体験となりました。

………春樹さんの粘土とそのライティング………

　私はネンドです。
　くっついたり，バラバラになったりするのが好きです。
　今日は一度バラバラになって，またくっついてバラになりました。
　つぼみもあれば咲いてみたり，散って，またバラバラになったり……。
　そのくり返し……。
　今はカラカラ，水がほしいです。
　でもこのままサラサラの土に戻っても良いのかなと思う今日この頃です。
　だってまたくっつくから。だって私，ネンドですから。
　自由気ままのネンドですから。
　次は何になろうかな……。

ん笑って楽しかった，日頃のストレスが発散できた，自分の内面に触れることができた，自分についての気づきがあったなど肯定的なものが多くありました。また，楽しかったが自分についての新しい発見があまりなかった，「自由に表現してよい」と言われると意外と難しかったという感想もありました。一般的に回数を重ねることでより深く自分の内面を見つめることができます。苦手感のある表現（人によって絵が苦手だったり，ムーブメントが苦手だ

ったり）も何回かやることで楽しめるようになります。特に発見がなくても，楽しい時間をもつことでストレス軽減になります。

3. 高齢者への表現アートセラピー

　高齢者への表現アートセラピーの実施は，2004年より介護老人保健施設通所デイサービス利用者の高齢者に対して，パーソンセンタード表現アートセラピーのプログラムを行っています。2006年よりデイサービスのメンバーに入院中の認知症患者を加えたメンバーでプログラムを現在も継続しています。その関わりを通して，高齢者がアート表現のプログラムに参加することで，集中力が養われ，表現を楽しみ，新しい取り組みへの積極的な姿勢が観察され，自己評価の向上に有効であることが示されました。

　その過程と作品から，施設での日常ではあまり見られなかった表情や会話，集中力等が観察され，高齢者の内面の豊かさを周りの者が感じるきっかけともなりました。認知症の方を含む高齢者に定期的な表現アートセラピーのプログラムを実施することの効用を整理し，その意味を考えるために2006年から2008年の2年間を取り上げてまとめました。

　私が直接関わったのは2007年までで，それ以降は表現アートセラピー研究所のスタッフの三輪ゆうこさんが中心となって行っています。以下のまとめは，私と三輪ゆうこさんが共同で行ったものです。

　対象は，介護老人保健施設利用の高齢者です。毎回の参加人数は，通所デイサービス利用の高齢者と入所者を合わせて10名～13名です。参加者は施設スタッフにより，アートのプログラムに興味があるかどうか判断し，声かけをし，本人の意思を確認して決定されます。認知機能，身体的機能はそれぞれ異なり，介護度2～4です。年齢74歳～92歳，男女比は平均4対6。体調や家庭事情により施設からの退所や移動も多く，同じメンバーの継続参加が難しい点がありました。

●実施期間●

2006年4月より2008年3月まで，月1回，1時間で計24回を取り上げます。月1回の実施なのは，施設が遠隔地（関東の他県）にあるため毎週の実施が困難という理由からです。

●実施方法●

プログラム実施前に施設スタッフと当日のプログラムについての打ち合わせを行い，参加者の様子を聞きます。ファシリテーターとアシスタントは毎回2〜3名，プラス施設スタッフ3〜4名。セッションの流れは，参加者全員が着席後にまず開始の挨拶をします。その後当日のプログラムについて説明します（各回異なったテーマを設定し，素材を貼る，塗る，作るプログラム）。作業に入る前にウォームアップとして6色の折り紙を貼りつけたボードを持ってスタッフが各人をまわり，今日の気分の色を尋ねながら一人ひとりに挨拶をします。次にプログラムの作業手順を説明し，やり方を提示し，制作に入ります。プログラムの名前は「手作りアートの会」です。

それぞれ，必要に応じて介助しながら進行します。片手マヒの人には，実際の作業を援助しますし，考えている人には，どんなふうにしたいかなどを尋ね，「……しましょうか」とおしつけがましくなく，また本人の意向を尊重して声かけをします。

終了後，各人の作品を鑑賞する時間をもちます。今日の気分で10分，説明と作業で30分〜45分，鑑賞で5分，合計60分という流れです。

その後，再度施設スタッフとともに振り返りの時間をもち，作業中の参加者の様子を話し合います。各人の評価（表情，積極性，持続性，協調性，情緒性，身体性，知的機能を5段階にて評定）を行い記録します。

作業は，選ぶ，塗る，貼る，を各人がそれぞれ好みに応じて進めていきます。用意した素材の中から選んでもらい，見本と違ってもかまわないことを作業開始時と途中に何回か口頭で伝えます。完成することやリハビリが目標

でないので，あくまで楽しむことが優先されます。

　プログラムの目的は，見栄えのある作品を作ることではなく，技術や目標の達成でもなく，あくまでも自由な表現であり，参加者が楽しみながら自分にぴったりくる表現をしてもらうことです。そのため自由で強制のない，安全な環境を提供することで，認知症の方を含む高齢者の長時間の集中が可能になり，表現を楽しむ時間をもつことに加え，自己評価が向上し（だめ，できないなどの否定的表現が減り），他者への関心の増大など，心理的，社会的な肯定的変化が観察されました（最初他の参加者に無関心だった人たちも，回を重ねるごとに他の人の作品に興味を示すようになる）。日常生活の中でも，会話が増える，表情が柔らかくなるなどの変化も見られました。

　そして参加者への効用のみでなく，施設スタッフも参加者の活動や表現を観察することで，参加者の内面に触れ，潜在力を認識し，尊厳の念を改めてもつことや，家族が作品を見ることで同様の影響が生じました。また作品は，家族や他者と話す話題にもなり，社会との接点が増したと言えます。

　月に1回というペースは間隔が長く，前回のことを覚えていない方もいるのですが，継続することによって，作業場所に集まり，グループとして顔を合わせることで，以前のことを少し思い出して，安定してワークに入れることが観察されました。もちろん毎回を楽しみにして，毎回のことを覚えている方も多くいました。月に1回1時間という設定であっても，継続参加者には，肯定的変化が定着することが観察されました。

　観察されたことと毎回の評価記録から，変化が見えた参加者を取り上げて，最後に考察したいと思います。また高齢者へのアプローチでは，テーマの設定の仕方，素材の工夫，そしてプログラム中のスタッフからの働きかけ方が鍵となるのですが，施設スタッフにもパーソンセンタード表現アートセラピーの体験をもってもらうことが，とても有効でした。心理的安全と自由について，スタッフとファシリテーターが共通理解をもつことがとても重要と思われます。

　施設のスタッフの方が，セッションの中でメンバーと接する場合，作品の

完成，見本どおりにやることへのこだわり，指示や手助けを必要以上にしてしまう行動が見受けられます。表現アートセラピーのプログラムでは，作品の完成や，リハビリが目的でなく，自分らしさの表現や，楽しむことが中心であることを理解してもらうことが大切です。

高齢者へ行う表現アートセラピーの意義

　表現アートセラピーの中での作品作りは，上手に何かを作り上げ，完成させることよりも，そのプロセスの中の「遊び」の要素を大切に考えています。施設の中での日常と違ったアートの作業で「遊ぶ」（「こうしなくてはいけない」という枠が緩み，自分のやり方，自分のこだわりを出すことで，心地よい時間をもつ）ことによって，自分と出会い，自分を感じられるワークを提供するように心がけています。感触の違った素材（枝，粘土，布，和紙）に触れること，スポンジや筆での絵の具の作業，指や腕を動かして紙を丸める，ちぎる作業という枠の中で，自分の好みや個性を楽しみながら表すことで，心身が解放され，作品を通して自分の存在が周りから受容され，他者への関心が広がる，という治療的なプロセスが展開します。

　パーソンセンタード表現アートセラピーにおいて，創造性を促進する条件としてナタリー・ロジャーズは，(1) 心理的安全 (2) 心理的自由 (3) 刺激され触発される体験を提供する，という3つの条件をあげています。この3つの条件は高齢者との関わりにおいても，有効であることが示されました。アートの作業の中で，色や素材，レイアウトを自己決定し，自分で創造すること，上手下手は関係なく，スタッフやグループの仲間から共感してもらうことで，自分自身の価値を感じることができる体験になります。また参加，不参加の自由，自分の作品を自分のものとして終了を決定できることで心理的な自由が保障されています。

　(3) は，高齢者が扱いやすく，興味を示しやすい素材，触感，色など，素材とテーマを工夫して，作業の単純化なども考えながら提供しています。創造性とは，生き生きと外界と交流しその中で自己を発揮することですが，高

齢者にとっても，創造性は非常に意味のある体験なのです。

　多くの高齢者施設において，絵画や塗り絵，クラフトなどのアートのプログラムが取り入れられています。素材に触れ，色を扱い，日常と違う作業としての刺激，手指を動かす刺激は高齢者によいとされています。リハビリや作業療法でのアート制作は，時に作品の完成を目標にしがちです。そのアプローチを否定するつもりはありませんが，パーソンセンタード・アプローチ（以下PCA）の心理的安全と心理的自由があることで，グループとしての関係性を積み重ねることができ，安心して自分の個性を発揮するという創造性が促進されます。

プログラムの特徴

　選ぶ，塗る，貼る，刺すなどのシンプルな作業の組み合わせで，誰が行ってもある程度見栄えのする作品になるように工夫しています。上手下手は問わないと言っても，高齢者の場合は，やはりある程度の構成度の高いものでないと，自己評価が高まりにくいからです。工夫している点としては，以下です。

- 鮮やかな色，感触の違う素材を組み合わせる
- テーマに身近なものや季節感を盛り込む
- 各人がそれぞれ自分の好みの作品にできるような幅をもたせる

●2006年度に行ったテーマ●

- キラキラコラージュ（コラージュの上にスパンコール，ホイル折り紙など光るものを貼る）
- おさかなアート（布の貼り絵でさかなの形を作る）
- わたしのあじさいアート（折り紙貼り絵のアジサイと風景を構成する）
- ちょうちんアート（提灯の外側にクレヨンで描画，折り紙で貼り絵をする）
- 落ち葉のうちわアート（うちわに落ち葉の切り抜きと薄紙を貼ってアレ

図1 こけしアート

ンジする）
・秋のコラージュアート（秋を題材にした切り抜きでのコラージュ）
・こけしアート（こけしの衣装を千代紙の貼り絵で作り，色紙に貼り背景を描く）(**図1**)
・秋の生け花アート（紅葉や木の実を紙粘土の土台の上に生け花ふうにアレンジする）
・お正月リースアート（新聞紙のリースの土台の上に不織布や飾りをつけてお正月用のリースにする）
・冬のコラージュ（冬を題材にした切り抜きでのコラージュ。背景に雪を描く）
・おひなさまアート（紙粘土の土台で千代紙の着物と小物をあしらい，おひなさまを作る）
・紙粘土モザイク（色をつけた紙粘土をコルクボードにつけて花や景色をモザイクのように描く）

●**2007年度に行ったテーマ**●

・花咲かアート（木の枝に紙で作った花や葉をつけて鉢にアレンジする）
・紙染めアート（たたんで模様を切った和紙をインクで染めて七夕の飾りのようにつなげる）
・ざるの中の魚アート（ざるの中に切り抜いた魚と薄紙を貼る）（図2）
・ラミネートアート（幾何学模様を描き，その上に透明シートをかぶせ，折り紙を模様にそって貼ったもの）
・夏のすだれアート（すだれにスポンジで彩色，その上にくだものの切り抜きをレイアウトする）
・ボックス・ガーデンアート（小さく分割されたボックスのそれぞれにいろいろな素材のものを入れて飾る）
・生け花アート（稲穂や紅葉を紙粘土の土台の上に生け花ふうにアレンジする）
・仮面アート（仮面に彩色，羽やビーズ，スパンコールを貼る）
・キャンドルアート（ガラス瓶に薄紙を貼って中にLEDライトを入れて灯りを楽しむ）
・スポンジアート（スポンジで彩色し果物や野菜，冬の景色などをコラージュする）
・ゆきだるまアート（色つき紙粘土のボールを2個作り，目や口，枝の手などをつけて雪だるまにする）
・てまりアート（透明の球体に鈴を入れ，千代紙やフェルトで飾りをつけて音を楽しむてまりを作る）

　私は今でも高齢者と行った第1回目のセッションを覚えています。参加者は皆借りてきた猫のように緊張して座っていました。またリードする私たちも緊張していました。「こんな年寄りに何させるんですか……」「できません」などの否定的な発言をする参加者も何人かいました。そんなときには「上手じゃなくて，いいですよ」「遊びましょう」というような声かけをしました。

第2章　表現アートセラピーの実際

そして自分から手を出さないで，ただ座っている参加者には，「この切り抜きは，どこに貼りましょうか？」「ここですか，それとももう少し右？」とこちらから手伝うと，「そこじゃなくて，ここ」とはっきりとご自分の意思を示されたのが，とても印象的でした。この「こだわり」こそが，まさに個性です。そしてそっとその場を離れて見ていると，ご自分の手で制作を進めていました。何回か繰り返しプログラムに参加しているうちに，その方から否定的な発言がなくなり，私の説明が終わるか終わらないうちに，材料に手をのばしている姿が見られました。

そして作品が尊重され（自分の自由にまかされる），それを受け取ってもらえる（ただほめるということではなく，みんながそれを見て感心したり，味わったりする）ことで，自分が尊重される体験になります。作品を通して自分の存在が周りから受容されると，他者への関心が広がります。

そして作業の能力や認知機能の差などがあるのですが，出来上がった作品を見るときに，みんなが対等になります。認知症の病棟へデイサービス利用者が入っていくときに，あからさまででないにしても，認知症でない方たちは「私たちはボケていない」「あの人たちはかわいそうに」と思っている節が見られました。ところが作品を作って出来上がり，その作品を鑑賞する時間になると，みんなのそんな思いはどこかへいってしまい，認知症があるかないかに関わらず「面白い色使いだね」「構図がいいね」など，グループが対等になって会話していました。

またこの施設では，プログラム実施の前後で病院スタッフとのミーティングが十分できたことで，プログラムを安全に

図2　ざるの中の魚アート

行うことができました。それによって，病院スタッフと表現アートセラピーのスタッフが同じ姿勢で参加者に接することができました。病院のスタッフの方たちにも，表現アートセラピーの体験をもってもらえるように，病院に勤務する方々が表現アートセラピーを実習する時間を作っていただくことができました。また私が主宰する研究所のワークショップに招待して，体験していただきました。ご自分が体験すると，このワークの意味がよくわかるようで，参加者への対応もよりよいものとなりました。

　この施設は遠隔地の施設のため（片道2～3時間），月に1回1時間という設定で行っています。それにもかかわらず，いつも参加してくださる方々は，とても楽しみにしてくれていて，「作品は全部とってあります」という方も何人かいました。言葉が得意でなかったり，発語が難しかったりの参加者もいますが，作品からその方の個性や好み，今までの人生が垣間見えます。その方の尊厳のようなものが作品から感じられるとき，普段の生活では見えなかったその方の存在感が輝きます。ご本人も表現することが楽しく，自尊心が向上しますが，介護スタッフや家族の方が，参加者から普段感じられなかったその方の個性や存在感，尊厳を感じ取る貴重な機会になります。私は数年にわたり月1回この施設を訪れましたが，いつも感じたのは私たちも高齢者の方々と接することで，私たち自身が癒される時間をもたせていただいたということです。「楽しい」と言って本当に嬉しそうに作業される姿や，その作品を見ることが私たちにとっても心温まる体験でした。

　次に肯定的変化が見られた高齢者のケース（カズオさん）をご紹介します（以下は三輪ゆうこさんがまとめたものです）。

否定的発言が減り，積極的な作品作りへと変化したカズオさんのケース

　ゆっくりと，でもしっかりとした足取りで歩いて部屋に入ってくるカズオさん，髪もずいぶん黒々として，とても大正生まれの方には見えません。席につくと，大きく手を振り上げてこちらを向いて挨拶してくれます。最初の

うちは，アートの作業に対して「こんなのできない」と手を動かさずに，スタッフと一緒に作っていました。好み（色や形）については，ご自分で判断して作業を進めていました。作業を長い時間続けることができなかったり，「自分はできない」という独り言が多くありました。ワークの回数を積み重ねることで，画題や素材（粘土や折り紙，クレヨンなど）でカズオさんの気持ちにひびくもの，苦手なものがわかってきました。作業がいくつかの手順にわかれると，途中で出来上がりのイメージがわからなくなり，混乱してしまっていたようです。しばらくすると，ワークの後の作品を病院の談話室で，カズオさんが他の方たちに自慢げに見せてお話ししているとスタッフの方からうかがいました。シンプルな作業がお気に入りで，紙粘土の上にアートフラワーを差してアレンジするものや，赤い色が好きで，お正月のリースに白と赤の不織布を巻きつけること等がとても気に入った様子でした。そのころから，アートセラピーに対する積極性が高まってきています。十数名で一緒にワークをするのですが，カズオさんがアートセラピーに慣れて，積極性が高まってくると，他の参加者の方の作品への興味が出てきました。「いいね～」と言葉数は少なくても，カズオさんなりに感心して声をかけるようになりました。ご自身の作品に対しても，自分で気に入っている場所を一生懸命眺めていました。皆さんでひとりひとりの作品を見ている時，自然にカズオさんが率先して拍手をしてくれていました。最初ぎこちなく座っていたカズオさんが，ワークの時間の間無理なく座って，抵抗なく作業をし，気がつくと「できない」という独り言はほとんど聞かれなくなっていました。苦手な素材の時は，作業を少ししかしないこともありますが，落ち着いて他の方の作業を見ながら，一緒に時間を過ごすことができるようになりました。アートセラピーのグループでともに作品を作り，ともに過ごす時間の積み重ねで，カズオさんが少しずつ変化していった様子がグラフから読み取れます。

　　　　　　（本稿は，2008年日本人間性心理学会での発表を基にしています）

図3 キラキラコラージュ

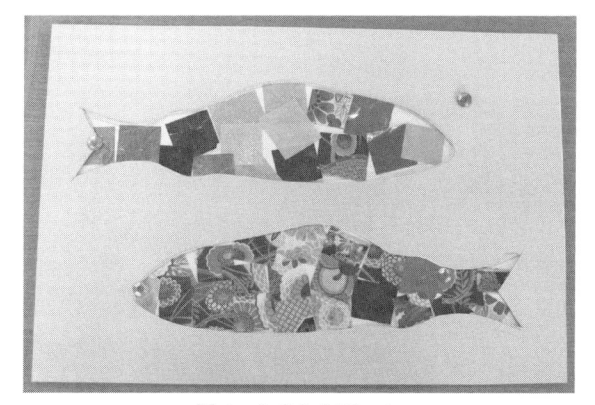

図4 おさかなアート

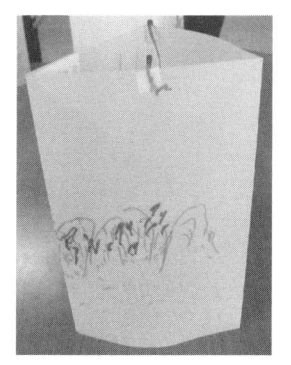

図5 ちょうちんアート

第2章　表現アートセラピーの実際

図6　こけしアート

図7　秋の生け花アート

図8　お正月リースアート

図9　おひなさまアート

図10　紙粘土モザイクアート

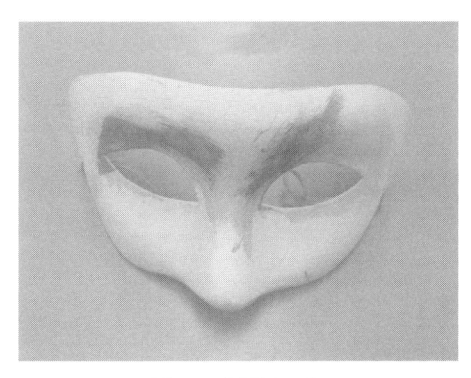

図11　仮面アート

図12　ゆきだるまアート

第2章 表現アートセラピーの実際　75

こけしアート　　　　紙粘土モザイクアート　　ゆきだるまアート

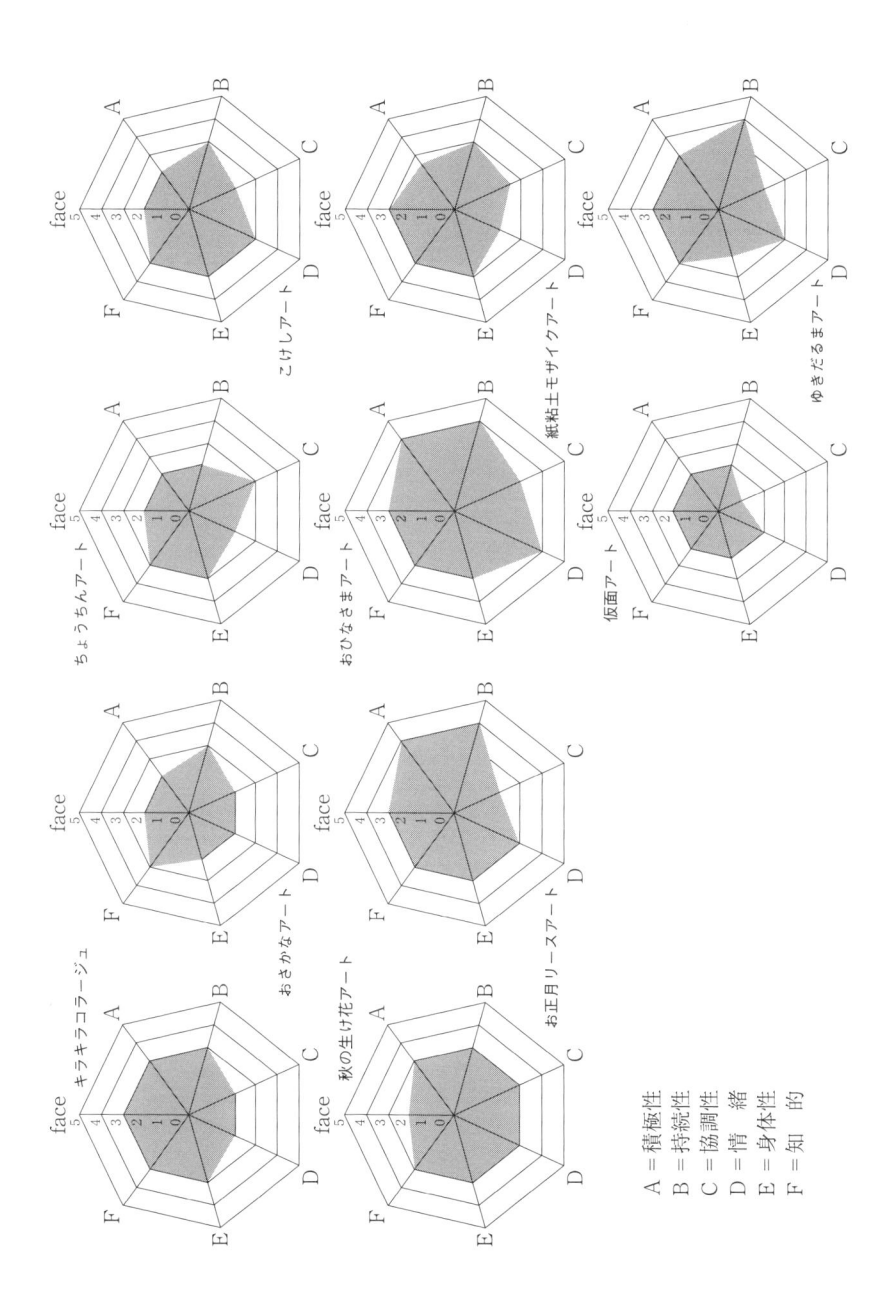

ちょうちんアート　　おひなさまアート　　　　仮面アート

キラキラコラージュ　おさかなアート　　　　　お正月リースアート

　　　　　　　　　秋の生け花アート

A＝積極性
B＝持続性
C＝協調性
D＝情　緒
E＝身体性
F＝知　的

4. 精神科クリニックでの適用

　表現アートセラピーの精神科での実践について述べます。さまざまな芸術療法を精神科で適用するには，対象のクライエントがどのような病態であるか，現在の状態や環境，どのくらいの自我の強さ（現在の心のエネルギーのレベル，統合力）があるのか等を検討して，どのような芸術療法を適用するかを決める必要があります。

　そして表現アートセラピーを行うにあたって，どの媒体での表現をどのように組み合わせてセッションを行うかを計画する必要があります。どの媒体をメインにするのか，または毎回媒体が変わるのか等です。私が関わったいくつかの精神科クリニックでは，アートセラピー（絵画を中心にしたもの）をやってほしいという要請があり，当初はアートセラピーを中心にしたプログラムを行いました。その後メンバー限定のグループで，さまざまなアート表現を取り入れるプログラムを行うことができました。

　アートセラピーという枠組みの中で行ったときも，表現アートの特性である異なる媒体での表現を組み合わせる利点から，初めにからだほぐしを行い，リラックスを促進し，また絵や作品を作成した時点でライティングを取り入れて，その作品から気づきを得て体験を統合する流れで行いました。

精神科クリニックでどのようなプログラムを実施するか

　私が，精神科クリニックのデイケアプログラムでパーソンセンタード表現アートセラピーを実施したのは，1990年代から約10年間です。Aクリニックでは，7年間，Bクリニックでは6年間と，2カ所のクリニックで実施しました。両クリニックともにPTSD，依存症（嗜癖：アディクションの問題——アルコール，薬物，食物等——を抱える方々），虐待（被害者，加害者）関係の患者さんが多く，統合失調症よりも境界性パーソナリティ障害，不安障害の患者さんが多いのが特徴でした。

　パーソンセンタード表現アートセラピーで用いる一般的なエクササイズは，

からだの実感を促進し，感情を喚起する性質があるため，精神科での適用には以下のことに配慮しました。

　からだの実感が強調されると，からだの中に記憶されている痛みや苦痛が不用意に浮上する可能性があるため，精神科クリニックにおいては，感情を刺激するタイプのムーブメントなどのからだの動きの導入は慎重に行いました。また心の内面に触れるようなエクササイズのテーマについては，慎重に検討しました。

　そのような考慮から，クリニックでの中心媒体はヴィジュアルアート（絵画，粘土等）とライティングとしました。ヴィジュアルアートとライティングはさまざまな表現様式の中で，個人の内的世界へ安全に入ることを可能にします。他の表現（音楽，ダンス，ドラマ）も用い方によりますが，他者との交流（一緒に動く，歌う，演じる）が生じるため，自分の世界が安全に確立したあとの方が意味あるものとなるように思われます。楽しい他者との交流により，自分への信頼も芽生えるので，どちらが先がよいと断言はできませんが，内的な世界が確立していないと，意味ある対人関係が生じにくいのは事実でしょう。また両クリニックで，他のプログラムとしてダンスセラピーやサイコドラマなど他の芸術療法が行われていたので，アートセラピーを中心にするのが，適当と思われました。

　Aクリニック，Bクリニックともに，オープングループ（毎週時間帯が決まっており，基本的に誰でもが参加可能）とクローズドグループ（回数が設定され，参加者があらかじめ決まっていて，毎回同時メンバーで行われる）で表現アートセラピーが行われました。

　Aクリニック，Bクリニックともにクローズドグループにおいては，一般の健康な人向けに行うのとほとんど同じテーマ設定，さまざまな媒体での表現を行うことができました。このような深いワークを精神科のクリニックで行うのが可能になったのは，精神科医を中心にして，クリニック全体での患者さんに対する心理教育（回復のために過去の生育歴や家族を振り返る必要性が説かれ，カウンセリングなども実施されていた）が行われていたことや，

心理療法による回復という枠組みがクリニック全体でサポートされていたからです。また精神科医が許可した患者さんのみが表現アートセラピーのクローズドプログラムに参加できるという前提があり，準備のできていない患者さんにとって，表現によって不用意に心の奥にしまってある内容が浮上しないように配慮されていました。患者さんの中には，自分の心の中を内省し感情に触れる療法が向いておらず，薬物療法が中心になる方たちもいます。

Bクリニックにおけるプログラム

ここでは，Bクリニックでの表現アートセラピーを取り上げて，具体的な表現アートセラピーのプログラムについて説明します。

Bクリニックでは，表現アートセラピーのプログラムはふたつ行われました。デイケアプログラム参加者はメンバーと呼ばれます。ひとつのプログラムは，基本的に誰でも参加できるオープングループ（週1回1時間半）です。このグループは，アートセラピー（ヴィジュアルアート）を中心に行いました。もうひとつがクローズドグループ（メンバー固定）です。クローズドグループは，週1回1時間半で8回〜10回がワンクールとなっていました。オープングループとクローズドグループでは，異なる枠組み，異なる内容設定でプログラムを行いました。

●オープングループでのプログラム●

オープングループでは，まずからだを少しほぐす体操的なムーブメントを行い，次にウォームアップの絵を描き，テーマでの作品（絵画，または粘土，コラージュ，立体など）を作る，という流れで行いました。テーマの設定は，心の肯定的な内容に触れるようなものを行いました。「自分がほっとする風景，好きだった童話の一場面，なったら気持ちのいい動物，自分が植物ならどんな植物か，自分の好きなもの（好きなこと），偶然から生まれる絵，まわし絵（何人か絵を回して描く），二人絵（ふたりで描く），コラージュ，粘

土」などです。絵の上手下手は問わず，表現の楽しみを味わえることを目的としました。絵を描いたあとに物語や詩を書くことも行いました。

　作品を作ったあとで，シェアリング（分かち合いの話し合い）する時間をとりました。だいたい隣同士の二人組で，どんなふうに作品ができたのか，作品を作ってみてどんな感想があるか，などを話します。事前に分析や解釈，アドバイスや，評価はしてはいけないこと，でも個人的に感じたことは話してもよい，というルールのもとに行いました。シェアリングはパスすることもできます。PCAの方法で行うため，嫌なことはパスできるのが前提です。またセラピストの教示は提案なので，自分に合うように変えて行ってよいということを，毎回強調しました。

●オープングループ1回のセッションの流れ●

(1) ウォームアップのからだほぐし（一人ひとりが今やりたい体操ふうのストレッチなどを行い，みんなが真似をする）今日の気分など一言発言してもらう。発言したくない場合，パス可能。
(2) ウォームアップの絵（絵に関しては，上手下手が気にならないように，利き手でない手でクレヨンを持って描くやり方を勧めました）
　①か②を行う
　　①は，色を1本選び，目を閉じて好きに線を引く。眼を開けてその線から見えてくるものや模様などの絵を描く[注1]（今度は眼を開けて，何色使ってもよい）。
　　②は，とりたい色をとって，好きに塗ってみる。何色使ってもよい。
(3) テーマに沿った制作
(4) 二人組や三人組でのシェアリング
(5) 最後に参加者がひとりずつ感想を述べる（よかったら作品もみんなに見せる）

「絵が下手なのだが」とおそるおそる参加する人も多かったのですが，作

品が分析解釈，診断されないと知ってほっとしていました。このプログラムに参加して，以前描いていた絵をまた始める人，絵や音楽を習い始めた人もいました。また日常生活でよく絵を描くようになったという人もいました。

このオープンプログラムの目標は，自己発見というよりも創作することの楽しさを味わい，自己評価や自尊感情を上げることでした。言葉で自分を語ると否定的なものが出てくることが多い精神科の患者さんが，言葉とは別のレベルで，自分の豊かさを感じてもらうのも目標のひとつでした。

●クローズドグループでのプログラム●

Bクリニックでの表現アートセラピーのクローズドグループは，3年間行いました（残念ながらBクリニックのデイケアは，事情により廃止になったため3年間のみでした）。クローズド参加希望者は精神科医と相談し，許可が下りた者のみの参加でした。統合失調症の患者さんは，基本的に参加不可となっていました。

8回のテーマは以下のようなものです（テーマは参加者により変えることもあります）。はじめは12回（3カ月）で行っていましたが，医師の要請により2カ月（8回）でワンクールとなりました（新しい人が長く待たなくてよいようにという理由）。

このクローズドのグループで行ったエクササイズは，私が一般の健康な人対象に行っているものとほとんど同じです。このことが可能になったのは，クリニック全体での枠組みとサポートがあったからです。またセッションにおける安全な枠組みも工夫しました。

8回で行った基本的なエクササイズ(メンバーやその様子で変わることあり)

①過去・現在・未来（絵画）
②からだ，感情，考え，魂（絵画）
③本来の自分・人生が形作った自分（粘土）

④自分が好きだった童話（絵）
⑤からだへの手紙・からだからの手紙（ライティング）
⑥溶けて成長する（ムーブメント）
⑦宝物地図（絵またはコラージュ）
⑧物語を書く（ライティング）

　このプログラムは，「アート・グリーフワーク」という名前がつけられていました。つまりグリーフワークという位置づけで行われたプログラムです。自分の生育史などを振り返り，自分を見つめることができるメンバーのみが参加しました。
　Bクリニックでは病気になった自分の成育史を振り返り，自分を見つめ，語るプログラムが充実しており，そのような回復の道をたどれる患者さんには，カウンセリングや各種のプログラムが準備されていました。精神科医による講義やミーティングも行われていました。それぞれの患者さんの病状，現在の環境，自我の統合力の力などに差があるので，薬物療法が中心になる患者さんもいます。
　このクリニックでは，境界性パーソナリティ障害と診断されているメンバーも多く，Bクリニック開院以来メンバーの5, 6年にわたる回復を見守る貴重な経験を私はもつことができました。非常に苦しい思いで回復の努力をしているメンバーには，頭が下がる思いがしましたし，また実際大きく回復していくメンバーに，いつも感嘆の思いをもっていました。もちろん回復の道筋には，アップダウンや紆余曲折があるのも事実です。
　このグループには，繰り返し参加しているリピーターのメンバーも多くいました。同じプログラムに5回や6回も参加するメンバーもいました。毎回同じエクササイズに飽きてしまわないのだろうか，と私は思いましたが，メンバーによれば，同じテーマで作品を作ることで，自分の変化・成長が実感できるとのことでした。

クローズドグループにおける具体的な構造や，あるクールにおける参加者の様子や感想などを交えて紹介します。

◆**プログラム名**：アート・グリーフワーク

◆**目　　標**：表現アートセラピーを用いて，無意識の肯定的エネルギー，リソースと触れながら過去のトラウマを非言語的表現により扱う。言葉を通してそれを再び自己に統合する。抑制されていた自己表現を回復し，自己の感情，感覚，個性と出会い，自発性，創造性を体験することで自己評価を上げる。絵の上手下手，作品のできばえはまったく問わない。自己の内面との対話を促す。

◆**対　　象**：つらい感情が出てきてもある程度扱える落ち着きと強さが芽生えていること。言葉でなかなか自分を表現できないメンバー，もしくは言葉でのグリーフワーク（カウンセリングなど）がほぼ終わったメンバー。

◆**内　　容**：からだの動きなど身体を自覚し，リラックスするようなエクササイズやゲームの導入後，自分の過去や自分の感情に触れるようなテーマで作品を作り，そこで出てきたものを安全なグループの環境の中で分かち合い，自分に統合していく。

このプログラムは，グリーフワークという枠組みの中で行われたので，以下にグリーフワークの定義と，PTSD（心的外傷後ストレス障害）の回復における段階を紹介します。

†グリーフワークとは

喪の仕事，悲嘆ワークとも言われます。身近な人を失った（亡くした）人の回復，がんの受容におけるプロセスの一部に位置づけられます（A・デ

ーケン，キューブラ・ロスらの文献参照）。その後震災や事件後のトラウマ，虐待を受けて育った人，アダルトチルドレンと呼ばれる人にも適用され，PTSDからの回復の中でも位置づけられるようになりました（ジュディス・ハーマン，斉藤学らの文献参照）。

† PTSDにおける回復の段階
　　第1段階：中心課題は安全の確立
　　第2段階：中心課題は想起と服喪追悼（mourning）
　　第3段階：中心課題は通常生活との再結合
　　（回復段階の進行は，螺旋的である）

(ジュディス・ハーマン『心的外傷と回復』，1999より)

　このプログラムで扱われるのは，第2段階にある人々の課題です。参加者の安全感を高めるために，毎回の手順を決め，安全な枠組みとして設定しました。毎回同じ枠組みで行うことも，トラウマ回復中の人には有効です。自分が毎回することが予想できるからです。

(1) まず初めにからだと心の調子を各自感じ取る瞑想を行い，チェックインを行う
(2) 簡単なからだほぐし
(3) メインのテーマでの表現
(4) 2人もしくは3人でシェアリングを行う
(5) 最後にまた全体グループで短い感想を述べる

　このプログラムの実際の1クール（8回）を取り上げて，説明したいと思います。固定参加者は13名でした。参加者は，元家族での身体的心理的虐待体験者がほとんどでした。全8回で1回90分。ルールは，秘密保持，人の批判をしない，アドバイスをしない。作品の分析をしない。何か問題があ

ったときには，直接メンバーに言わず，あとでセラピストに話す。クロストーク（メンバー同士の自由なコメント）は行わない。いやなことはやらなくてよい，シェアリングなどもパスしてよい，です。

　グループ療法の枠組みとしては，メンバー同士の直面化（直接感想や意見などをお互いに言い合う）は，行わない方法（クロストークなし）で，自助グループの運営方法を基本としました。つまりグループメンバー同士の自由なやり取りは基本的に行わず，ひとりずつグループに向かって話し，他のメンバーがそれに対して発言しないというやり方です。双方向で話す時間は，二人組，三人組の中でのシェアリングです。シェアリングの中では，自由な会話が行われます。

　クロストークをしない構造にしたのは，傷つきやすいメンバーが，他のメンバーの安易な発言でさらに傷を深めるのを防ぐためです。自由なフィードバックがグループ内で自発的に起こることもありますが，私はセラピストとして，安全を守る立場をとり，批判的な発言があった場合には，制止したり，フォローを行いました。1回目と8回目には，アンケートの実施を行いました。アンケートでは，体調や心の調子を尋ね，最後のアンケートでは，このプログラムを受けての感想や受けてよかったと思うかどうかを尋ねました。

　それぞれの回の流れと参加者の感想を以下に述べます。

◆ **1 回 目**（参加者9名）
ルールの確認
エクササイズ
（1）ウォームアップの絵
（2）過去・現在・未来（1枚の紙を3分割）
感　想
・「緊張がほぐれた」
・「集中できなかった」
・「クレヨンで描くことで解放感があった」

・「自分を再認識した」
・「以前よりもやもやが少なくなり力強い自分を実感した」

　1回目は，このプログラムのルールの確認や，内容の説明を行い，メンバーの自己紹介など，安心できる環境を作ります。表現の上手下手はまったく問わないこと，作品への評価や分析はないこと，お互いに批判したり，分析もしないこと，アドバイスもしないこと，などを丁寧に説明します。1回目のエクササイズの目的は，今の自分を確認することです。過去はつらかったかもしれないが，今の自分の位置を確認し，これからどうなっていきたいのかを考え，未来をイメージすることから始めます。

　このセッションでは，1枚の紙を3分割してもらって，過去，現在，未来を描いてもらいましたが，時間とエネルギーがあれば，3枚の紙を使って描くことも可能です。また過去がつらく感じる人や，その日に具合がよくない人には，過去を小さいスペースにしたり，別々の紙で行う場合は，過去の絵を小さな紙で行うことを勧めます。また未来を描くときには，どうしたらそうなれるかわからなくてもいいから，理想的な自分，または少しでも前進している自分を描くようにと，説明します。現在もまだつらい状況が続いている人の場合は，よくなる自分を想像できなかったり，想像するのがつらかったりするので，メンバーを見ながら進めることが必要です。だいたいのメンバーは，言葉で未来像を語れない場合でも，色と線であれば，なんとなく明るいイメージができるものです。そしてよいイメージを抱けることが，回復の後押しをしてくれます。

◆2 回目（参加者9名）
エクササイズ
　(1) からだの絵
　(2) 感情の絵
　(3) 考え，理性の絵

(4) 魂の絵（魂があるとすれば）

感　想

- 「(4) は『こうなりたい』，という絵で明るくカラフルな色になった」
- 「(4) は『本当はこう』という絵で，気持ちが楽になった」
- 「(3) は感情を抑える絵で疲れる。(2) は自分は欲求不満なのだと思った」

　この回では，自分のからだに注意を向けたり，感情について客観的に見たり，理性や知性についての側面や魂の側面という，人間の存在のいくつかの側面，レベルを見ていきます。からだには，痛みやつらさが表されることが多く，感情も楽しい感情が表現されることは少ないようです。理性や知性の絵では，考えることがますます自分を縛る状況も表現されます。魂の絵は，「魂と言うと，嫌な感じがする人もいるかもしれないし，魂があるかどうかわからない人もいるでしょう。でももしあるとすると，どんなものでしょうか？」と導入します。この側面を入れるのは，人にとってスピリチュアリティの側面を無視することができないと，私が考えているからです。意外にもこの魂の絵には，きれいな色を使ったり，明るい絵を描く人がほとんどで，「どんなにつらいことがあっても魂は生まれたままで，美しい」と発言する人もいます。平安を表現する人が多いのが特徴です。

◆3 回目（参加者 10 名）

エクササイズ（粘土）

(1) 運命や出来事が形作った自分
(2) 本来の自由な精神をもった自分

感　想

- 「今までにない新しい言葉が出てきた」
- 「(1) は穴だらけだったが，土台がしっかりしていてばらばらにならなかった」

- 「(2) を作ったとき悲しくなった,なぜなら父が『男の子だったらよかった』と言ったのを思い出したので」
- 「みんな違うものができるのが面白かった」
- 「(1) はやっと生きてきた自分,(2) は丸くして周囲から影響されないころの自分を作った」

　この回では,粘土を使ってのワークです。粘土でふたつのボールを作ります。それを両手に持って,初めは目を閉じて粘土をよく感じてから行います。初めの粘土は,自分に受けた運命やつらい体験を,粘土に与えるということで,自分が受ける立場でなく,粘土に置き換えて,考える機会をもちます。粘土に穴があいたり,形をとどめないものになったりもするのですが,粘土は消えずにそこに存在しています。またふたつ目の粘土で,本来の自分の力や自由さやリソースを表現します。その部分が今も自分の中にあることを感じる人が多いようです。

◆4回目 (参加者12名)

エクササイズ
(1) 子どものころ印象に残った童話を語る
(2) 印象に残った場面の絵

感　想
- 「小さいころのことを思い出すのがいやだった。『ちび黒サンボ』のトラがかわいそうだった(自分もかわいそうだった)」
- 「『めがねウサギ』,臆病だが勇気を出して山の向こうへ行く」
- 「『眠れる森の美女』の嘘を言う鏡が本当のことを言うと壊される(本当のことを母に言えなかった自分)」
- 「『キタキツネ』で夜の闇の中親キツネが子キツネを守る場面で,『怖いけど親がいていいじゃん(私にはいなかった)』」

図 13　童話の絵

　童話には，不思議な力があります．覚えている童話を語り，聞くだけで，心が静かになり，物語に心が引き込まれていきます．二人組で語り合ってもらいます．昔好きだった童話には，自分のそのころを理解する鍵が隠されています．またそのころの自分を思い出すきっかけにもなります．子どものころの自分を思い出し，そのころの自分に優しい気持ちになれるようにリードします．

◆**5 回 目**（参加者9名）

　エクササイズ
　　（1）からだへの手紙を書く
　　（2）からだからの返事を書く
　　（3）粘土で作品を作る（今感じていること）

　感　想
　　・「からだが疲れていることを再確認」
　　・「長い手紙でからだが文句を言っている」

- 「からだ(胃袋)が『勘弁してくださいよ』」
- 「からだが『ほんとは休みたい,やらせないで』と言っていた」

からだへの手紙を書いてくださいと言うと,「なんでもっとがんばれないの……」というように,攻撃的,否定的な手紙を描く人も多くいます。それだけ自己否定的な傾向が強い方が多いので,必ず「自分のからだをいたわるような,ねぎらうような手紙にしましょうね」と教示しています。からだの声を聞いて,疲れたら休むという基本的なことが,なかなかできないのが私たちですが,メンバーにとってはさらに,これが難しいことのようです。疲れを無視して動きまわることで,心身の調子を崩す人が多いので,まずはからだに優しい態度をもってもらい,からだからのメッセージを聞けるようにするのが目的です。からだからの返事は左手で書いてもらいます。意外とからだからの返事は,優しいものが多く,逆に私たちをねぎらってくれることもあります。

◆ 6 回 目(参加者4名)

エクササイズ
(1) ウォームアップのムーブメント
(2) ムーブメント(溶けて成長する)
(3) 体験を絵にする

感　想
- 「考えずに動くことができ,けっこう溶けられた」
- 「子どものころから常に緊張・恐怖感があったのを認識した。動いていて緊張感・恐怖感が溶けた。寝ていたのがもったいなかった」

この回は,振りがあるダンスではなく,からだが動きたいように動いてみるムーブメントです。リラクセーションの練習という意味合いもあります。一般的にもそうですが,クリニックでもムーブメントが一番苦手という人が

多いようです。この回はお休みが多い回でした。この回も自分のからだとの対話を促進するのが目的です。からだは怖いものではなく、常にコントロールしようとしなくてもよいことを体験してもらうねらいがあります。

◆**7 回 目**（参加者8名）
エクササイズ
　　(1) 自分の宝物のコラージュ（地図）
　感　　想
　　・「貝に惹かれ、海の中の静けさ、きらきら光るものが楽しく、本来海の中の静かなもの、ピュアなものを自分がもっているんだと感じた」
　　・「好きなものを並べた。海のイメージ、海の中での浄化」
　　・「大事なものを守りたい気持ちになった」
　　・「ちょっと気持ち悪い心臓のようなものになったのは、今いろいろ悩んでいるからだろう」
　　・「宝物に到達するイメージで道のりは長いと思ったが、自分が好きなもの（海）を貼っていると障害物が短くなり、実際の幸せも近いのかもしれないと思った」

　自分の中によいリソースがあること、肯定的なもの、宝物があることを実感するのは、誰にとっても難しいものですが、「もしあるとすれば」という仮定で作ってみると、「ひょっとするとあるかもしれない」「作って楽しかった」という体験が多くもたれます。この回はなぜか皆海の中のイメージが多かったのが印象的です。

◆**8 回 目**（参加者9名）
エクササイズ
　　(1) すべての作品（今クールの）を見て物語を書く

図14 自分の宝物のコラージュ①

図15 自分の宝物のコラージュ②

感　想

・「助けに来るのは王子様でなく自分だとわかった」
・「いつも考えや気持ちが堂々巡りしていたが，絵や文章に書くことで客観的に見られ，少しずつ整理できている」
・「暗い色の絵を糧に前に進む物語を作ったが，自分もそうなれるとよいと思った」

最後にすべての作品を見て物語を作る方法は，パーソンセンタード表現アートのトレーニングコースでもよく行われることですが，すべての作品を見ることで，プロセスを振り返り，物語を作ることで，すべての作品を統合する，意味をつむぐという働きがあります。

　前述したようにアンケートを8回の前後でとりました。初回のアンケートでは，現在の体調や精神的な調子や，過去を思い出すとつらくなるかどうかを尋ねています。最後のアンケートでは，同じように終了時の体調や精神的な調子，このグループを受けてよかったかどうかを尋ねました。

　あまりにも体調や気分の調子が悪い場合や，過去を思い出すのがつらいメンバーには，あまり無理をしないように注意しますし，グループの参加をやめるように勧める場合もあります。アンケートの結果から読み取れるのは，だいたいの場合，初めの時点で体調や心の調子のよい人は，もう少し調子が落ち，初め体調や心の調子が悪い人は，少しよくなるというケースが多いということです。その理由は，調子のよい人は多分つらい過去を回想することで，少しエネルギーがとられるために多少調子が落ちるのでしょう。または自分は調子がよいと思っているが，本当はそれほどでもないことに気づくのかもしれません。調子が悪い人は，心身が解放され，心を整理することで調子が少し上がるということが起きるようです。このプログラムを受けての感想は，「よかった」「まあまあよかった」と答えた人がほとんどでした。

◆**アンケートからの感想**（全体を通して）
- 「もやもやした気持ちがだんだん整理された」
- 「以前は黒い色でしか描けなかったが，今回はカラフルな色が使えるようになり，大きな変化があった」
- 「楽しかった。作品にすることで自分を客観的に見られた」
- 「グリーフにはならなかったが，『作りたいのにやらない』自分から，『作る楽しさを味わえる』ようになった」

- 「表現することで自分のテーマが見えた」
- 「子どものころの私は守られるべき存在だったと，当たり前に思えるようになった」
- 「王子様を自分の中に見つけた」
- 「作品を作っていた自分と今の自分が違うのは確かだ」

　このBクリニックのクローズドグループでは，アート表現で自分を表現していくことで，言葉で語るだけでは気づかなかったことに気づく様子が多く観察されました。また自分の変化・成長を作品から確認できる効果があることがわかります。時には自分の課題や問題が作品に表れることもあり，それを受け入れるのに時間がかかる場合もあります。過去のトラウマが表現された場合，作品という枠（技術や上手下手でなく，色や形，ニュアンス，純粋性という芸術のもつ性質）によりインパクトが言葉より緩和される場合が多く，また生起したテーマを継続的に作品とすることで，統合整理されていく過程も観察されました。

　このプログラムにおいてはグリーフワークという枠組みで行われましたが，どのような枠組みであっても，表現されたものを常に言葉のレベルに還元し，作品に表れたものを消化していくプロセスが大切です。グリーフワークにおいてアートセラピーは多く用いられており（性的虐待，災害被害，PTSD），無意識の内容にアクセスできること，アート表現を通してその内容を消化統合できることが長所としてあげられます。またアート表現により心のリソースや豊かさに触れることができ，グリーフワークのつらさを和らげることができます。この点については前著『表現アートセラピー入門』の中の事例においても述べました。その中の事例Aさんは，過去を振り返るつらさが表現アートセラピーを併用することで和らぎ，過去の肯定的な体験を思い出すことができました。

　精神科での表現アートセラピーを用いての作業では，言葉でしっかりと自分を捉えるプロセスも大切と思われました。もちろんアート表現や体験を言

葉のレベル（意識）に還元し，統合，整理することは，精神科だけに限らず重要なことです。

　グループやカウンセリングなどで，生育歴がある程度語られたあとのメンバーが，一番このプログラムから恩恵を得ていた印象があります。精神科においてグリーフワークのように，表現アートを心の内省に用いる場合は，ある程度自分の過去や成育史を言葉で語り整理した段階で，導入していくことが好ましいと思われます。しかしながら患者さんによっては，言葉から自己を省みることが難しい方もいます。言葉が上滑りして，真の自己に触れることが難しい場合も見受けられました。そのような方には，絵を描くことなどから過去を紐解き，そこから言葉に入っていくことがよい結果を生むこともあります。

　また回復にとって，希望や未来の自分のイメージ（こうなりたい自分）をもつことが重要です。言葉でなかなか希望を語れない精神科の患者さんにとって，色や形でその感じを表せる機会は貴重です。言葉を使わなくてもイメージで表現できるのが，アート表現の利点です。この利点を利用し，プログラムの中で未来のよいイメージをもてるように導入することが，回復に役立ったと考えます。グリーフワークの回復の流れでいえば，現在の安全性が確保され，過去を想起し，未来へ向かうという方向性があります。

　またからだの感覚を取り戻すという側面も有益です。今日自分の体調がよいのか悪いのか，心の調子と一緒に今日のからだの状態を自分が把握するということが大変役に立ちます。このグループでは，まずセッションの最初に心身の状態を10段階で測ります。「1は一番調子が悪い最低の状態，10が素晴らしく調子がよい状態だとすると，今日のからだの調子はいつくか？」をちょっとした瞑想を行いながら，チェックします。次に心の状態をチェックします。それだけのエクササイズで5分くらいですが，このエクササイズによって，メンバーがその日の自分の心とからだの状態を知ることができます。それを繰り返すことで，「調子が悪い日は，無理しないで疲れないうちに帰ることができるようになった」という発言が聞かれました。何人もの人が同

じような発言をしています。自分をチェックするという行為は，自分と距離をとることになるので，自分の体調や気分にのみ込まれない練習になります。

また人や自分を尊重するという態度を，作品を尊重する，自分の作品が尊重されるという体験から，得られます。言葉にならない自分があり，何も尊敬されることがないと感じられている患者さんも多いのですが，表現したものが，評価されずにそのままに認められるという体験が，自尊心の向上に効果があります。

特に精神科で表現アートセラピーを導入する場合，留意点として以下の点があげられます。

・安全を確保するためにセラピストがリーダーシップをとる（あくまで基本は PCA であるが）。メンバーのやり取りに介入したり，ストップをかけたりすることも必要。
・やりたくないことはやらない権利の強調。
・成育史や過去の振り返りなど理解枠の確立。
・参加者の現在の体調やストレスなどの検討を行う。
・過去の振り返りとともに自己の欲求に気づき未来への希望や展望をもつ。

（本稿は，2006 年日本人間性心理学会での発表を基にしています）

5. 学校での適用

中学生への危機介入としてのアートアプローチ

学校の中で，アート表現が生徒同士のコミュニケーションを促進し，情緒の成熟を促すことができると，私は考えています。私は，スクールカウンセラー（SC）として中学校に 9 年間勤務していた間，相談室での個別カウンセリングの中で表現アートセラピーを用いましたが，集団（クラスや学年単位）でも芸術療法を活用する機会をもちました。以下に述べるアプローチは，

表現アートセラピーというよりも，芸術療法をいかに学校で用いるか，という観点で行ったものです。

　その前に中学校での集団療法的アプローチについて述べます。SCとして中学校に勤務する中で私が行った集団療法的なアプローチは，1年生の4月のエンカウンター的アプローチ[注2]，2年時のアサーション（自他を尊重した自己主張）の指導です。エンカウンター的アプローチでは，学級内のよい雰囲気を作り，円滑な人間関係の促進を目指し，2年時のアサーション（さわやか自己主張）では，自分と相手を大切にするコミュニケーションを学んでもらいました。これらのアプローチは表現アートセラピーではありませんが，からだを動かしたりゲームをしたり，実際のやり取りを再現（自己主張の場面）する場面があり，からだや想像力を用いる体験という面では共通点があります。私は9年間で3つの中学校に勤務しましたが，そのうち二校でこのアプローチを行いました。このアプローチができたのは，二校が比較的落ち着いていた学校であったからです。学級や学年が落ち着いていないと，このようなプローチは行えません。

　さて，中学校で集団芸術療法のアプローチを行ったきっかけは，何度か学級崩壊の危機にある学年と関わったからです。学級崩壊の危機に際したときに，SCが関われることがあればと，学年主任や担任と話し合いました。その中で学級全体をサポートする方法として，何ができるかを模索しました。アート表現を用いる方法が，学級内の雰囲気を改善し，信頼関係の構築に役に立つのではないかと考え，どの方法が有効であるかを考えました。思い浮かんだのは，演劇的なアプローチです。

　クラス単位で絵を描くなど，アートセラピーの実施も考えましたが，中学生にとって素直な自分を出すことが難しかったり，危険だったり（からかいやいじめがあるクラスの場合）する場合があります。またクラス単位となると私ひとりでリードするのは難しいと思いました。クラスの中の信頼感や一体感が少ない状況で行えるものは，何だろうと考えました。

　そこで思いついたのは，演劇的な表現です。演劇表現という中でゲーム的

第2章　表現アートセラピーの実際　　97

なことを行ったり,「遊び」や虚構というくくりの中であれば,逆に真実を出すことができるのでは,と考えたのです。そしてプレイバック・シアターという演劇療法がよいのではないかと思いました。そのアプローチでは,見ているだけでもよいし,参加することも可能という,緩い枠組みがあり,安全性の面でも生徒への影響力の面でもよいと判断しました。

図16　プレイバック・シアターの一場面①
（本文の紹介例とは異なる）

　40人前後の生徒のいるクラスをリードする場合,プレイバック・シアターであれば,リーダーと何人かの役者たちが関わるので,これも最適と思われました。そして実際にこの活動をしているグループを知っていたので,協力を仰ぎました。協力をお願いすると,ほとんどボランティアになってしまうのにもかかわらず,快く引き受けてくださいました。

　私はプレイバック・シアターを体験したことはありますが,専門的なトレーニングを受けていないので,この取り組みはプレイバック・シアターの専門家の全面的な協力を得て,実現できました。また学校側がこの提案を受け入れ支援してくださったので,実現できました。学校側の理解と先生方のご協力に深く感謝しています。

　学年で学級運営が難しくなった事例を二校で経験しました。A校では1学年に対して2年間（1年次1回,2年次になって1回）にわたり同アプローチを導入しました。B校では,2年生に対して1年間（年3回）同アプローチを導入しました。ここではこのB校での取り組みを紹介したいと思います。

B校での経緯

　B校は大規模校であり，学校がある地区やそれを取り巻く環境から，非行やいじめなどの問題を抱えていた学校です。問題になった学年は1年次より授業中の立ち歩き，エスケープ（教室から出て授業を受けない）やけんか，いじめなどの問題が頻発していました。授業が成り立ちにくく，保護者の応援も得て，1年次後半でようやく落ち着きを取り戻しました。2年次になるときに，再びこのような傾向が起こらないように対策が練られました。その一環としてSCからこのアプローチを先生方に提案し，受け入れられました。まずは先生方に同アプローチを体験してもらい理解を得てから実施することができました。先生方からの理解は大切な要素です。

　この試みは，NPO法人「プレイバック・シアターらしんばん」の全面的な協力を得て，実現しました。以下の内容は私とらしんばんの太田華子さんが共同でまとめたものです。またこのアプローチが成功した要因のひとつは，学校の先生方の生徒への温かい思いがあってのことです。

●プレイバック・シアターについて●

　プレイバック・シアターは「コミュニティの中で人と人とのつながりをはぐくむ場」として，1970年代中盤にアメリカのジョナサン・フォックスによって考案された，対話と分かち合いのための即興劇です。そこで演じられる劇は，その場の参加者によって語られた実際にあった出来事や思い出であり，コンダクターと呼ばれるファシリテーターが語り手を募り，インタビューの中で語られた日常の何気ない場面や印象深い経験が，ストーリー（劇）としてスタッフや参加者によって即興で演じられます。サイコドラマやドラマセラピーとの違いは，本人（語り手）は劇の中には参加せず，そのストーリーを観客と一緒に観る点です。

　その特徴は，意欲やモチベーションに関わらず誰もが参加しやすく，個人のストーリーを観ることで語り手は自身を外在化し，また参加者は他者に対する興味や共感を深めることができる点です。

プレイバック・シアターの方法は，語られるストーリーを共感と尊重で受け取り，あたかもPCAにおけるリフレクション（クライエントの語る重要な言葉をカウンセラーが反復して繰り返す）のように伝え返すという形式になっているので，PCAの本質と重なる部分を感じ，心理的安全性が確保されていると考えました。また自意識が強く，弱点を含めた素直な自分を出しにくい中学生へのクラス単位でのグループワークでは，複数のファシリテーターが必要であると思われること，内面を出すことへの抵抗感，安全性を考慮するとプレイバック・シアターが有効と思えました。

プレイバック・シアターでは，観る，語る，演じるといった参加のかたちを選べることによって，自分の場所が確保できます。また劇を通して間接的にお互いを知り，時に共感をもつことができる点など，無理なく関わりをはぐくみ，相互理解を育てられるのではないかと考えました。そして学級ごとにこのような活動を行うことで，学級の一体感を高められるのではないかと考えたのです。

●実施概要●

4月から3月の1年間を通して，都内B中学校2年生全クラスを対象に，各学期1回，計3回の授業をクラスごとに実施しました。はじめの1回（1学期）を2限分（100分）とし，残りの2回（2学期，3学期）を1限分（50分）ずつ行いました。実施の前には学年主任や各教師との打ち合わせ，実施後にも同様のフィードバックの時間をとりました。また毎回生徒に感想を書いてもらい，3回目実施時にはアンケート（実施前後）を行いました。

授業は毎回NPOスタッフ5名で行い，太田さんがコンダクター（ファシリテーター）を担当し，4名はパフォーマー（役者やミュージシャンなど）とコ・リーダーの役割を果たしました。私は，A中学校では，コ・ファシリテーター的な役割もとりましたが，B中学校では，勤務が週1回ということもあり，いくつかのクラスに入らせてもらうにとどまりました。ただし企画，反省に至るまでコーディネーターとしての関わりをもちました。

●各回のねらいと内容●

　3回の授業ではそれぞれにテーマを設定しました。1回目はまずプレイバック・シアターを体験してもらい，信頼関係を作ることから始めました。2回目は自分自身について語ることをテーマにあげ，将来の夢などを分かち合いました。3回目は，気持ちを大切にするということをエモーショナルリテラシー（感情教育）の観点から学びました。

　すべての回でリーダーをした太田さんの体験を以下に紹介します。

　私（太田）はこの取り組みの責任者として，全クラスの授業にコンダクター（ファシリテーター）として関わりました。私がこの取り組みから感じたこと，観察したことを，他のスタッフやSC，教師との振り返りや話し合いからの考察も交えて，述べてみたいと思います。

　中学生とのプレイバック・シアターでは，まずこちらのスタッフにできるだけ親しみを感じてもらえるように努めました。自己と他者，大人と子ども，先生と生徒，さまざまな関わりの枠の中で，その距離を測り，居場所を探るデリケートな年代であるため，隔たりをできる限りなくして，安心感をもってお互いを認め合える場作りを第一に考えました。

　そのためこの授業の中では，大人（スタッフ）は一方的に何かを教える，与える役割ではなく，あくまで

図17　プレイバック・シアターの一場面②
（本文の紹介例とは異なる）

も「いろいろな気持ちを日々感じて生きている人間」として同じ立場で子どもに接することを意識しました。またスタッフの方から自己開示することで親しみやすさが生まれ，アクター（役者）たちが全身を使って感情を表現するパフォーマンスを見て，「ふだん大人の見られないところが見られて楽しかった」「大人があんなことできるなんてすごいと思いました」などの感想が寄せられ，その距離は一気に近づいていきました。

　最初の授業では，気持ちを表現するという慣れない場に戸惑いも見られましたが，ちゃかされず，否定されることなく誰もが受け入れられる場であることを，言葉と姿勢で示しました。すると生徒たちは少しずつ自分の気持ちや経験を語るようになりました。1回目は比較的活発な生徒が語り手（テラー）を引き受け，部活やスポーツなどの話題が多く出ました。また苛立ちや無気力など比較的共有しやすいテーマが話されたように思います。

　2回目になるとプレイバック・シアターそのものの構造に慣れ，ほとんどのクラスで生徒もアクターとして劇に参加しました。語ることへの警戒心も薄れ，女子やおとなしい生徒も語り始めました。その内容も小学校時代の思い出など少し年代をさかのぼったストーリーが語られるようになりました。私の印象では，過去を語ることは仲間の知らない自分の姿を見せることであり，開示度が高まっていると感じられました。

　そして最後の授業では「自分のありのままの感情を認め，受け止め，表現する」エモーショナルリテラシーの概念を説いた絵本の読み聞かせをしてから，プレイバック・シアターに入りました。するとストーリーの捉え方は大幅に変わりました。今までは「部活の話」「将来の話」とまず事柄をあげたのに対し，3回目はすべてのテラーが「悔しかったときの話」「困ったときの話」などその出来事を感情として捉えて語るようになりました。また家庭内の問題が浮き彫りとなるようなデリケートなストーリーが語られたときも生徒たちはしっかり受け取り，クラスへの信頼度は始めた当初に比べると格段に上がっているように感じられました。また絵本によって，

気持ちに関する意識の深まりも見られ，感想では，「普段あまり気づかなかったけど，いろいろな感情を使っているんだと思った」「いつも殺しているから忘れているキモチを思い出せた」「自分も本当の気持ちを出せていないときがあったと気づきました」など，共感や発見を寄せる生徒も多くいました。その中でも学校では相談室や一部の先生を除いて一言も言葉を発さない生徒が，その日さっそく先生のもとへ行き，「私，もう気持ちをしゃべるから」と宣言したケースが非常に印象的でした。

　普段何気なく経験しているどんな出来事も，プレイバック・シアターの中で語り，受け止め，表現されることで，個人の中にしまい込まれた記憶から「私たちのストーリー」へと変換されます。私の印象では，この年代の子どもたちは，大人やクラスの仲間への興味や関心は非常に高いが，リスクの高い直接的な関わりよりも「遠巻きに見たい」欲求があるのではないかと感じました。プレイバック・シアターはその微妙な距離感を実現し，他者の人生を舞台という場を通して垣間見ることができます。「人の話を聞くのってためになると思いました」と感想にもありましたが，私たち人間は，情報や知恵を交換し，感情を通わせることで生き延びてきました。感情をうまく表に出せず，押し殺すことから起こる心の病や暴力，事件があとを絶たない現代，改めて感情について学び，分かち合う機会を教育の中で提供する必要性を強く感じます。そういう意味で，このアプローチは年３回という制限の中で，中学生にあるインパクトを与えたと思われます。

●中学生への実施のねらい●

　中学生に対してのプレイバック・シアター実施のねらいとしては，まずクラス単位で楽しむ体験をもってもらいたいということでした。クラスは，さまざまな家庭環境で育つ30人～40人という非常に大きな集団で，毎日顔を合わせて生活をしています。そのため，仲のいい友だちは限られ，同じクラスであっても話さない，それどころか敬遠したり，いじめが起こったり，関わりが遮断されていることも少なくありません。

特に学級崩壊と言われる状態にあるクラスでは，授業中立ち歩いたり，騒ぎだす生徒が増えることで，落ち着きがなくなり，まとまりのない状態になります。そして担任をはじめいろいろな教科の先生から，クラス全体が叱られるなど，クラス全体，特にまじめにやっている生徒のストレスは高まります。負の連帯感はますますクラスのモチベーションを下げてしまいます。

そこでプレイバック・シアターでは，まずみんなで楽しむ，笑い合う経験をもつことで，肯定感や一体感を作ることを目的としました。自らを表現するには，まず肯定感のある場作りが必要不可欠です。その上で，日常の中で感じた気持ちや起こった出来事などを語る中で，普段見せない仲間の本音や素顔に触れ，お互いの理解や共感が高まることも期待しました。そして自分の経験，感情がクラスに受け止められるという実感をもつことで，相互の信頼関係が生まれることもねらいとしました。また核家族が増え，地域のつながりも稀薄になりがちなため，子どもの日常で関わる大人は，ほとんどが親か学校の先生です。そして学校は指導する側と指導される側という上下関係がある場ですが，この授業では，上下関係のないまったく違う立場の大人と知り合うことで，大人への反発ではない，親しみや興味をもってもらえるのではないかと考えました。特に担任や学年の先生方には，生徒と一緒に授業に参加していただき，同じ目線での分かち合いを意図しました。

●実践を通して観察したこと●

実践の中で観察したことは，普段直接話す機会のない生徒同士が，話を聴く経験をもつことは，お互いの信頼感を高める上で，非常に役に立つということです。立ち歩きも多く，クラスでは手に負えないと思われていた男子生徒は，ひとりゲームセンターで遊ぶときの孤独感を語り，いつも明るく元気な女の子も，家で家事をひとりでこなしている日常を語ります。友だち同士では面と向かって話すことはないであろうそれらの話も，コン

ダクターによって引き出され，アクターによって演じられることで，全員で分かち合うことができます。また劇の作る特殊な緊張感は，それまでおしゃべりをしていたり，そっぽを向いていた生徒たちをも，いっせいに舞台に引きつけます。劇が始まると，パッと視線は舞台にうつり，劇中おしゃべりをする生徒はいません。

　クラスがひとつのものに集中します。しかもそれはクラスの仲間の実際にあったストーリーなのです。語り手となった生徒は，最初は観客（客席で見ている生徒）の反応を非常に気にします。しかし，みんなが真剣に見ているその様子に安心感を覚え，照れるような，それでいて満足げな表情を浮かべます。舞台で演じられる劇を一緒に観ることによって，観客である生徒は間接的に一体感をもつことができます。これは，演劇のもつ力のひとつでもあります。クラスでの実施においては，自己を露出しすぎることなく，一緒に笑ったり，一緒にドキドキしたり，ともに同じ気持ちを分かち合う一体感を感じることができました。

　またストーリーを語る際に印象的だったことは，中学生たちの語彙の少なさです。ストーリーを聞き出す中で生徒たちが気持ちや状況を言葉にしていくことは，思いのほか時間と根気のいる作業でした。コンダクターは劇を演じるアクターの役作りのためにさまざまな場面や気持ちについての質問を投げかけます。「その先輩はどんな人だったの？」「そのときどんな気持ちだった？」「友だちはどうしてそんなことをしたんだろう？」……1回目の授業では，細かく言葉にすることに慣れていない生徒たちからは，「普通？」「なんとなく」「わかんない」と曖昧な言葉が返ってくることも少なくありませんでした。しかしそれは感じていないわけでは決してなく，使っていない，あるいは掘り下げていないという印象でした。そのためコンダクターは，「優しい？　それとも厳しい人？」「嬉しかった？　それとも少し悔しかった？」などの質問を使って，人物像や気持ちを浮き彫りにしていきました。その作業によって生徒たちは自分の気持ちに気づき，また「あいつはきっと寂しかったんだと思う」など相手の気持ちをも想像す

ることができました。それは自己理解，また他者理解へとつながっていきます。そして気持ちをしっかり受け止めてもらう経験が深くなるにつれて，ストーリーは事柄だけでなく，気持ちの移り変わりが語られ，何気ない日常の何気ない気持ちにもしっかり焦点が当てられるようになっていきました。

●効　　果●

プレイバック・シアターを学校教育に導入することにより効果的であると考えられる点は主に3つあります。

ひとつは，生徒たちがそれぞれ参加のかたちを選ぶことができるという点です。生徒たちは基本的には席に座って劇を見ているだけです。しかし，語り手としてストーリーを語る，アクターやミュージシャン（楽器などで劇の伴奏を行う役）として即興劇を一緒に作るなど，その人のモチベーションにあった参加の仕方，距離でいることができます。

プレイバック・シアターでは，演じることや語ることももちろん大きな経験になりますが，劇は見ているだけでも楽しく，心が動きます。そして観客として見ていることがストーリーを支えていることにもなるのです。そのように同じ場を共有しながら，お互いに無理なく支え合う実感をもつことができました。

ふたつ目は，自分の安全を確保した上で，語ることができるという点です。この取り組みを通して強く感じたことは，中学生たちは，表現による失敗をとても恐れているということです。「話がすべったらどうしよう」「笑われたらどうしよう」。自分自身の意見や言動が，受け止められない怖さを常にどこかで意識しているように感じました。しかしプレイバック・シアターでは，コンダクターは，語り手を一番大切にします。また語られたストーリーはアクターが脚色したり解釈を加えたりすることなく，語られたそのままを，文字どおり身体を張って受け止めてくれます。そして劇を自分で演じることもないので，語り手はプレイバック・シアターの一部を

担っているにすぎません。

　そうして，語り手からコンダクターへ，コンダクターからアクターへ，アクターから観客へ……語り手によって語られたストーリーが人を通して伝わっていく中で，目には見えない感情のつながりが生まれていきます。普段話したこともないクラスメートの気持ちや出来事に，第三者を通して，出会うことができるのです。

　そして3つ目は，気持ちの言語化，外在化による整理と発散です。心の中にある「なんとなくもやもやする」「いらいらする」というような気持ちも，言葉にしてみると，「あーそのことが気になっていたのか」「あれがいやだったのか」と気づくことがあります。またアクターに表現してもらうことによって，目に見えない気持ちを他者が目に見えるかたちにしてくれ，より客観的に気持ちを整理することができます。そして自分の気持ちを誰かが受け止め，表現してくれることは，「伝わった」「わかってもらえた」「自分だけではない」という実感を生みます。そして観客も，人の気持ちを体験することによって，「すっきりした」「笑えた」など，気持ちの発散と安定につながったようでした。

　お互いをよりよく知る機会になるだけでなく，目に見えるかたちで気持ちを分かち合うことによって，共感力を身につけることができました。

●学年主任との事後の話し合いから●

　「あんな笑顔は初めて見ました」。まず先生方が驚かれていたのは，生徒たちが見せる生き生きとした表情と笑顔でした。生徒がフルーツバスケットなど，他愛のないゲームを楽しむ姿も印象的だったようです。みんなで何かをする経験の中で生まれる笑いや，関わりがクラスの雰囲気を明るくすることを実感されたようでした。

　学校の過密なカリキュラムの中で，成果や成績ではなく，純粋に交流や関わりを楽しむ時間がないことを指摘されていました。

　また，普段特に勉強やスポーツで目立たない生徒が，アクターやミュー

ジシャンに挑戦したり，語り手を引き受けたりと，新しい側面で生徒がお互いを認め合っていたことも成果としてあげていました。そのことに対してちゃかしたり，中傷したりすることは，実施後も教員の知る範囲では，なかったということです。

　それを学年主任の先生は「文化的なものへの評価」とし，成績のつかない，競争や得点でないもの，まさしくアート的なものへ対して生徒同士の認め合う姿勢が見られたと語っていました。

　そして2回目の授業では，生徒一人ひとりが小グループの中で話し，表現する機会を設けました。その中の自分を色に喩えるワークでは「自分を色に表すと黒，どんなものにもそまらないから」など意外な色を選んだり，その色についての思いがけないコメントを聞くことができたということもありました。その他にもプレイバック・シアターで語られるストーリーは毎日顔を合わせる担任の先生も知らないものが多く，「そんなことを考えていたのか」「そんなことがあったのか」と知らされることもあり，また体育祭やクラブ活動など同じ経験であっても，生徒それぞれの感じ方はさまざまであったことに先生方は新鮮な驚きを感じたようでした。

　そして，生徒のスタッフに対する親近感や親しみが強かったことも印象深く，1年に3回という数少ない関わりにもかかわらず，生徒はスタッフの顔や名前をよく覚えていて，「今日○○さんは？」「またあれやって！」などの発言があり，その関わりを楽しみにしていた様子がうかがえたとのことです。

●実施によって感じられた変化●

　実施によって感じられた変化としては，すぐに何かが劇的に変わるような即効性のある効果は難しいものの，学年主任の印象では，1年時や2年時よりも話が通じるようになったということでした。実施前は，生徒が話を聞いているのかどうかすらわからない，困っていることがあっても話してくれない，など関わりのきっかけがつかめない生徒も少なくなかったそ

うですが，実施を重ねていくにつれて，話せば応えてくれる，相談してくる，など関わりをもちやすくなったことをあげていました。

●生徒の感想から●

- **劇や表現に対する興味・関心**

  「聞いてすぐああいうふうにできるのはスゴイと思う，コミュニケーションを普段からたくさんとっているからと思う」

  「気持ちをからだで表現するのが面白かったです。いつもあんなふうに表現できたらすっきりすると思いました」

  「気持ちと場面，登場人物の性格を聞いて作った劇は温かいものだなと思った」

  「Kの演技が他の人と息が合っていて驚いた」

- **語ることへの興味・関心**

  「人の話とか聴いているのは楽しいけど，自分から話すのはやっぱちょっと勇気いるかも」

  「なんか少しのおしゃべりがとっても楽しかった」

  「悩みは誰にでもあり，その悩みを人に話すと気分が変わってくる」

  「人に話してみれば気持ちが解放できる」

- **気持ちに関する発見・共感**

  「いつも殺しているから忘れているキモチを思い出せた」

  「自分も本当の気持ちを出せていないときがあったと気づきました」

  「人の気持ちが動きで表現できること，『あーこのときはこんなんだったのか』というのがよくわかる」

以上が，太田さんによるまとめですが，私が学校で仕事をする機会を得て，またこの取り組みに関わって感じたことは，学校というところが「教師と生徒」「教える，教えられる」という関係が主であり，横並びで何かを一緒にやる，

一緒に感じる，共感するという場面が少ないのではないか，ということです。もちろん学校は，学ぶ場であり，教師が教えることはとても大切なことです。しかし「教師と生徒」「教える，教えられる」という文化とは違う文化，ふれあいの機会を導入することが必要ではないかと思います。生徒がその枠組みから離れ，違う大人と触れ，成績をつけられることでなく，何かを一緒に行い，感動や共感を分かち合うという体験をもつことが心の成長にとってとても大切に思えます。

　アート表現（演劇の表現においても）には，間違った表現はなく，すべての表現がオーケーとされます。そしてそんな表現の中から，普段見えてこない人の心や個性が垣間見えます。Ａ中学でのことですが，あるひとりの男子生徒が，立ち歩き，喧嘩など問題を多く起こすということで，問題児とされていました。彼はプレイバック・シアターのセッションで，「授業がたいくつでたまらない」というストーリーを語りました。そして役者がそれを短く演じてくれたのです。見ていた筆者には，「そうか，そんなに苦痛だったのか」という気持ちがわき，彼の気持ちへの理解や共感が深まりました。多分クラスメートや担任にもその気持ちは伝わったのではないでしょうか。そしてその時間が終わって，みんなで椅子などをかたづけるときのことです。彼は自ら進んでかたづけをしていました。私や他の先生たちはそれを見てびっくりしました。そのような行動は他では見られないものだったからです。そしてその日一日は，彼は何も問題を起こすことがなかったそうです。私は，この出来事を忘れることができません。学習に興味をもちにくく，学習についていけない子どもにとって，学校がいかに苦痛な場所になるかが理解できました。

　勉強も大切ですが，お互いを理解し共感する体験や，自分を肯定できる，そしてお互いを肯定できる体験学習を学校の場にもっと持ち込めたらと思います。アート表現を評価しない立場で用いると，そこにはそれぞれの個性が反映されます。そしてその作品や表現に上下をつけずに尊重するときに，個性の尊重という体験学習となります。またそれは創造性を伸ばすことになり，

共感をはぐくみ，コミュニケーション能力を高めるという，たくさんの効果を生むことができます。人としての生きる力を養うだけでなく，これからの企業人として，国際人として必要な能力を養うこともできるでしょう。

（本稿は，2009年日本人間性心理学会での発表を基にしています）

注1）統合失調症の患者さんは，このクリニックでは少なく，症状が落ち着いている人を除いて筆者のオープンのプログラムに参加することはなかった。症状が重い方が参加した場合は，線から自由に見えるものを描いてもらうエクササイズは行わなかった。妄想的な部分を刺激するので具体的な絵の方がよいと思われる。

注2）エンカウンターグループでの知見をもとに，学校教育の中などで生徒の自己理解や相互理解，交流を促進する方法。

Expressive Arts Therapy Training

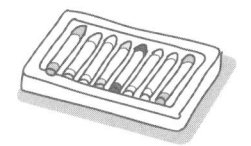

第3章 表現アートセラピーのトレーニング

1. 表現アートセラピストの養成

　芸術療法では，どのようなトレーニングが行われているのか，表現アートセラピーのトレーニングについて，この章では説明したいと思います。表現アートセラピーのトレーニングは，現在欧米では大学院の中で行われているものと，大学という枠の外で行われているものがあります。米国ではボストンのレズリー大学の大学院（2年間），サンフランシスコのCIIS（カリフォルニア統合大学院）の大学院（3年間），セイブルック大学院（2年間で6回の集中トレーニング），ヨーロッパではEGS（ヨーロッパ・グラジュエート・スクール）の大学院プログラム（夏の集中トレーニング）があります。大学以外にさまざまなトレーニングプログラムが行われています。レズリー大学やCIISの修士プログラムでは，その州のカウンセラーの資格に対応するトレーニングになっています。

　ここでは私がトレーニングを受けた，パーソンセンタード表現アートセラピーのトレーニングについて述べたいと思います。トレーニングコースについて解説することで，パーソンセンタード表現アートセラピーをより深く理解していただけると思います。また芸術療法を実際に用いたいと思われる方には，どのような訓練や体験が必要なのかを了解していただけると思います。

　パーソンセンタード表現アートセラピーのトレーニングコースは，ナタリ

ー・ロジャーズによって1984年に設立された表現療法研究所で始められた，400時間のコースです。日本では，2003年より表現アートセラピー研究所（代表：小野京子）でこのトレーニングが行われています。アメリカでは，このトレーニングコースは現在セイブルック大学院で行われています。

　このトレーニングの特徴は，パーソンセンタード表現アートセラピーについて体験的に学び，表現アートセラピーをカウンセリングの中でどのように用いるか，またグループをどのようにリード（ファシリテート）するかを学び，パーソンセンタード・アプローチ（以下PCA）の哲学を自然に身につけるという点です。このトレーニングは，自己の深い体験や変容（自己成長）と並行して，実際にどのようにパーソンセンタード表現アートセラピーを用いるのかという実践法を体得できるトレーニングになっています。

　またこのトレーニングの中で，カウンセリングや心理臨床のエッセンス，神髄を体験し学習できます。ただし心理臨床家を専門に養成するトレーニングではないので，カウンセラーや臨床家になるためには，カウンセリングや心理臨床も並行して専門的に学ぶ必要があります。トレーニングを受ける方の中には，心理臨床家になるのではなく，ご自身の領域や仕事に表現アートセラピーを取り入れることを望む方もあり，そのような方には必ずしも心理臨床の専門的な訓練が必要ない場合もあります。

　すでに心理臨床のトレーニングを積んだ人がこのトレーニングを受けると，自らの臨床に表現アートセラピーを取り入れることができ，自らの臨床にさらに専門性を加味することができます。必要に応じてカウンセリングの中で表現アートセラピーを取り入れたり，グループ療法が必要な場で表現アートセラピーを提供できます。また社員の創造性を伸ばす必要のある産業領域でも，これから芸術療法が必要とされるでしょう。子どもや青少年とのセラピーにも表現アートセラピーは効果的ですし，高齢者や認知症の方に対しても有効です。また元気に老後を過ごすための介護予防にも使えます。そしてこれから自己成長を求めセラピーを受ける一般の人が増加すると考えられますが，その領域においても表現アートセラピーは，成長をサポートし促進する

力をもっています。

　日本ではこのトレーニングを受けてから心理臨床の勉強をして，臨床心理士の資格をとった方も多くいます。産業カウンセラーの資格をとる方も多いです。それぞれがどの領域で，どのように表現アートセラピーを用いたいのかで，その進路は異なります。またご自身の成長と癒しのためにコースを受ける方もいます。専門家になるためにも，よりよい人生を生きるためにも，個人的な成長体験が役立ちます。

　ちなみに日本でのトレーニング参加者は，臨床心理士やすでにカウンセラーなどの心理の専門職についている人をはじめとして，教師や養護教員，看護師，福祉関係の仕事についている人，大学院生，会社員，アーティスト，主婦などさまざまです。これからカウンセラーなどの対人援助職に就きたいと思っている人，高齢者や子どもにアートセラピーを提供したいと思っている人，自己成長のためにトレーニングを受ける人，美術や音楽など芸術関係のバックグラウンドをもつ人で，自分の創作意欲を取り戻したいと考え，コースを受ける方もいます。トレーニング終了後子どもの絵画教室（上手に描くことを目指さず表現の楽しみに重点を置く）を始めたり，ご自分が関わる仕事に表現アートセラピーを取り入れる方も多いのが特徴です。その例としては，アロマセラピーやボディワークに表現アートセラピーを取り入れたり，養護教員が保健室で子どものケアに用いたりなど多様です。まれに表現アートセラピーとの出会いをきっかけにアーティストとして表現活動に専念する方もいらっしゃいます。シャンソン歌手になった方や，クリスタルボウルという楽器の演奏家になった方もいます。

　私自身がトレーニングを受けたときには，やはり個人的な深い癒しを体験すると同時に，表現アートセラピーをどのようにしてカウンセリングの中で生かすか，そしてグループをどのようにリードするのかをプログラムの中で自然に学ぶことができました。自分の体験をもとに，他の人にその体験を提供するコツを体得できました。受容的で支持的な環境の中で，自分の個性に出会い，その長所を伸ばすことができ，自分の長所を生かしてグループをリ

ードする方法を身につけられました。そのときの仲間やスタッフからたくさんのサポートと勇気をもらいました。

2. トレーニングコースの構成

　パーソンセンタード表現アートセラピーのトレーニングは，6回のコースで構成されており，それぞれが7日間です。全体で42日間，400時間のトレーニングです。トレーニングの中に，レベルが3つあります。第一のレベルは芸術療法の自己体験で，第二のレベルがPCAの理解と実践で，カウンセリングの中で表現アートをどう導入するかを学びます。第三のレベルがグループをリードする，グループ・ファシリテーション（促進）の学習です。

表1　トレーニングの3つのレベル

………**第一のレベル**………		
◆**コース1**◆	表現アートセラピーを通しての自己探求	自己体験
◆**コース2**◆	ボディウィズダム（からだの知恵）	自己体験
………**第二のレベル**………		
◆**コース3**◆	パーソンセンタード・アプローチのコミュニケーションとカウンセリング	PCA理解と実践
◆**コース4**◆	コミュニティにおける創造的な自己	PCA理解と実践
………**第三のレベル**………		
◆**コース5・6**◆	インターン実習	グループ・ファシリテーションの理解と実践

◆**コース1**◆　**表現アートセラピーを通しての自己探求**
　1週間の宿泊ワークショップというかたちで，集中的にいろいろな表現を用いて，自己探求を行います。自分を知り，深く自己とつながり，またグループでの交流を通して，人のもつ潜在力・可能性・創造性，そして表現アートの力を実感する7日間がデザインされています。

◆コース2◆ ボディウィズダム（からだの知恵）

コース2は，「ボディウィズダム」という名前がついています。からだの中にある知恵と結びつくために，からだのアウェアネスを高め，からだの自覚に焦点を当てるエクササイズが多く含まれるコースです。からだの自覚を高めることで，自分の感情にも気づきやすくなります。このコースでは，コース1に続いて表現アートセラピーの体験を深めることと，からだにより耳を傾けること，からだとの対話が促進されます。等身大の紙に自分のボディイメージを描き，それをムーブメントで表現するエクササイズなどを行います。

◆コース3◆ パーソンセンタード・アプローチのコミュニケーションとカウンセリング

このコースは，カウンセリングの中で表現アートをどのように使うかについて，そしてPCAの哲学，その態度を体得することに焦点が当てられています。表現アートセラピーの体験を引き続きもちながら，PCAについての講義やディスカッション，カウンセラー・クライエント・オブザーバーの三人組でのカウンセリング演習があります。

◆コース4◆ コミュニティにおける創造的な自己

このコースでは，3のレベルと同様にカウンセリング演習を行います。2回演習を行うことで，より深い気づきや自信を得ることができます。そしてもうひとつの焦点がコミュニティと葛藤解決です。コミュニティ（共同体）の中で，自分のニーズを満たしながら（必要であれば自分のニーズを表明することも含めて），自分の特性を生かし，どのようにコミュニティと関わり，貢献できるのかを発見します。

◆コース5・6◆ インターン実習

コース5と6は基本的に同じコースです。第三のレベルでは，グループのファシリテーターとなりグループをリードします。各コースで1回は自分がファシリテーターとなります。どんな題材やテーマのセッションにしたいのか，どんな体験を提供したいのかを検討するところから，実際のタイムマネージメントまで綿密にプランします。またトレーニングコースの卒業にあたっては，小論文を書く課題があります。自分の体験を振り返り，文献などにもあたり客観的な視点から表現アートセラピーの分野と関連づける作業を行います。

コース1と2（第一のレベル）は，表現アートセラピーのさまざまな媒体での自己表現を体験し，十分な自己発見と体験をもつことに重点が置かれます。ナタリーは，まず自分自身が深く表現アートセラピーを体験し，自己の内面と向き合い成長することが何よりも大切と考えました。

　コース3と4（第二のレベル）は，PCAの哲学を体験的に学びます。この第二のレベルでは，カウンセリング演習（カウンセラー役とクライエント役，オブザーバー役をとる練習セッション）を行いながら，PCAの哲学と姿勢を学び，カウンセリングセッションの中で，いかに表現アートを導入するかを学習します。つまりクライエントの自己成長のプロセスを，パーソンセンタード表現アートセラピーを用いてどう援助するかを学びます。カウンセリングの技術をこの短い時間で学ぶことは不可能ですので，カウンセリングや臨床心理学については，各自トレーニングを受けるように奨励しています。コース4では，カウンセリング演習に加え，さらにコミュニティの中で自分をどう生かすかを学びます。自己の特性を知り，どのように共同体に貢献し，サポートし合うかを体験します。また他者との関係やコミュニティの中で葛藤が生じた場合，PCAに基づいて，どのようにお互いに耳を傾け，理解し合うことができるのかを学びます。もちろんこの第二のレベルでも表現アートを通した自己体験は継続されます。すべてのレベルで表現アートを通した自己発見が起こります。

　コース5と6（第三のレベル）のインターンコースでは，グループリーダーとして実際にグループをリードします。グループをどのようにリードするか，ファシリテーションの方法を学び，リーダーとしての資質を磨きます。コース5と6は，表現アートセラピーのワークショップやグループをいかに安全にリードするかに焦点が当てられます。そして心理的安全と自由をどのように提供するか，いかにPCAの環境を作るかについて学びます。グループのファシリテーターとして，自分の特性を生かしてよいリーダーになることを学んでいきます。

　アート表現による自己発見と自己成長は，すべてのレベルで継続され，同

様にすべてのレベルで，温かいサポートをファシリテーターやピア（仲間）からもらうことで，自分の持ち味に気づき，本来の個性を開花させることができます。表現をしていく中で，個人的な葛藤や内的なテーマや問題も浮上しますが，安全な環境の中でそれらを乗り越え成長していくプロセスがもてるようになっています。

　それぞれのコースは7日間で，基本的に合宿形式をとっています。合宿では，日常生活を離れて，自分の内界へ十分入ることができます。通いのコースと比べるとさらに踏み込んだ深い体験が可能になります。一番初めにナタリーが作ったコースは，1回がもう少し長く（10日〜14日），4回で卒業となっていました。その後より参加しやすい現在のかたちになりました。

3. パーソンセンタード表現アートセラピーのガイドライン

　パーソンセンタード表現アートセラピーには，ガイドライン（指標）があります。これは参加者の心理的安全と自由を獲得するために作られました。
　このガイドラインはトレーニングのときに毎回繰り返し伝えられます。参加者が自分のペースで，自分を大切にしながら自己発見，自己成長していけるためのものです。これは，プリントとしても配布され，壁にも張られ，ファシリテーターが繰り返し伝えます。またこのガイドラインは，そのままPCAの哲学を伝えるものです。このガイドラインは，繰り返し伝えることが必要なようです。というのも日常生活では慣れていない態度だからです。トレーニングのみでなく，一日ワークショップや他のセッションにおいても，このガイドラインが参加者に伝えられます。

アート制作後のシェアリングのためのガイドライン
　また，アート制作後のシェアリングのためのガイドラインがあります。制作後作品について語り合うことで，いろいろな発見が促進できるため，パーソンセンタード表現アートセラピーでは，作品についてのシェアリングを大

切に考え，作品制作後に行っています。このシェアリングは，作品やプロセスを振り返る上で重要な時間として位置づけられています。このシェアリングのときに傷つき体験が起こらないような配慮が必要です。これは安全にシェアリングを行うためのガイドラインです。

　シェアリングは二人組や，三人組，またグループ全体で行いますが，このときに聞き手が不用意な発言をすることで，表現者が傷つくことがあります。それを防止し，作者に最大限の敬意を払うためにこのガイドラインが作られました。

　ワークショップなどでも，この原則はファシリテーターが口頭で伝えますが，トレーニングではこのガイドラインが配られます。以下にガイドラインをご紹介します。

パーソンセンタード表現アートセラピーのガイドライン（指標）

（1）創造的な表現のための資源として，自分の感情に注意を向けましょう（気づきましょう）。

（2）自分自身のからだに注意を向けましょう（気づきましょう）。そして自分に気を配り，セルフケアをしましょう。

（3）すべてのインストラクションは，提案です。それに従わない選択もあります。その判断はあなたにまかされています。

（4）ここで行うエクササイズは，感情を刺激します。必要があれば涙を流したり，大きな声を出すことが助けになります。

（5）もし見ていることを選ぶときは，グループのダイナミクスに注意を払い，他の人の体験を自分のことのように感じてみてください。批判的に見ないようにしましょう。

（6）このワークショップで起こったことに関して，秘密保持をお願いします。グループの外でここでの体験を話すときは，参加者の名前を言わないでください。信頼関係の保持にご協力ください。

アートをディスカッションするためのガイドライン

(ナタリーの作ったガイドラインを一部小野が改定)

　誰もが，共感的な環境とサポートが得られたとき，自己理解と洞察が可能となり，必要となる方向性を見出すことができます。作品の知的理解は，あとになって（何年も経ってから）得られることも多いのです。

　ファシリテーター（セラピストまたは聞き手）の役割は，アートを使って各個人の世界をよりよく理解することです。ここでファシリテーターにとって重要となるのは，クライエント（参加者）がどのように自分のアートと人生を体験しているかを理解し，クライエントが自身の内的世界を探求しているとき，クライエントとともにいられるように最大限の努力をするということです。

　他人のアートを見るときに，それがさまざまなかたちをとって自分自身に作用します。私たちが見ているのは，私たちの側の見方であって，必ずしも彼らの内部世界からの見方ではないのです。

　アート表現をするとき（それがいたずら描きであろうと絵や彫刻であろうと）いつも自己のある側面をあらわにします。しばしば無意識の自己をも明らかにするのです。作品の作者は未知な自己の内的世界をさらけ出すというリスクを負っているのですから，その作品は敬意を払って取り扱われるべきです。従って，セラピストやグループファシリテーターは，作者が作品の意味を発見するのを，繊細な神経をもって助けることに責任をもたなければなりません。

●どうやってこの敬意を示すか？●

1. 作者に，本人にとって作品がどういう意味をもつのか，またそのプロセスはどうだったかを聞く。例えばこんなふうに聞いてみる──「あなたは，自分の作品を見てどう感じますか？」。
2. 自分自身の考えはしばらく差し控えておき，まず作者にこちらからのフィードバックがほしいかどうかを聞く。
3. 作品から受ける感情や考えを自分の個人的な反応とし，作品の評価や解釈をしない。例えば，ファシリテーターは次のような言い方をします──「この絵を見ると私は孤独を感じる（動揺する，悲しくなる）。それはあなたが感じたことと同じですか？」。

> もしあなたが個人やグループをリードして，アートによる自己表現や自己認識を活性させようとするならば，あなたは作者が作品について語るのを助けるような建設的なフィードバックを与えなくてはならないのです。
>
> 　アートが私たちに与えるインパクトはとても大きく，あなたは自分が作った作品に敏感に反応します。最初にしなければならないのは，自分自身で作品の意味を発見することです。まず自分で個人的な意味を探ったあと，次に他からのフィードバックや反応を求めます。ここで大切なのは，誰かがあなたの作品の印象を述べても，それはその人の投影にすぎず，そのフィードバックが役立つかどうかを決めるのはあなた自身です。フィードバックをもらうことはいつも興味深いし，楽しいことでもあるけれども，見る側の投影と，作品を通して得られるあなた自身の自己理解との相違を理解するということがとても重要です。
>
> 　作者にフィードバックを与えるとき，「私にはこんなふうに見える」といった言い方がとても役に立ちます。そうすることによって，作品に対するあなたの見方と，作者にとっての真実とを区別することができるのです。

4．7日間のコースのスケジュール

　1回のコースがどのようなスケジュールで行われるかを，わかりやすいように**表2**で示しました。これはコース1のスケジュールです。参加者の状況やセッションの流れによっては，柔軟にスケジュールやセッションが変更されます。

　セッションは，午前と午後に1回ずつ（2時間半から3時間）が基本で，夜はミーティングやイベントなどがあります。夜にセッションがある日もありますが，参加者に負担にならないように行います。表現アートセラピーの体験は，作品を作ったあとでそれを消化吸収する時間も大切になります。また作品に刺激されて，次の作品を作りたくなることもあります。午後のパーソナル・クリエイティブ・タイムは，自由時間ですが，自由に制作できる時間にもなっています。制作せずに休む，または散歩など自由に過ごしてよい

第3章 表現アートセラピーのトレーニング

表2 7日間のコースのスケジュール

	1日目	2日目	3日目	4日目	5日目	6日目	7日目
午前	集合	粘土 わたしの一部と環境	ドラマのセッション	Free Time	心の傷のセッション	箱のセッション	クロージング
			昼食 & パーソナル クリエイティブタイム				解散
午後	・オリエンテーション ・3枚の絵	オーセンティック ムーブメント	コラージュ	Free Time	理想の自分	ジャーニー	
夜	ドローイング カンバセーション	フィンガーペイント	コミュニティ・ミーティング	サウンドセッション	スモールグループ ミーティング	コ・クリエイテッド・イブニング	

時間です。

　4日目は，朝から夕方まで自由時間で，中休みをとり，合宿前半に起こったことを吸収消化する時間になっています。心の内面を見ていく作業はなかなかエネルギーがいるものです。休む時間も大切にしています。

　セッションでは，心身が解放されたり，自己の生命力やよい側面の発見もありますが，過去の未解決なテーマや問題が浮上したり，自分の中のネガティブな部分が刺激される場合があります。トレーニングでは，このような個人的な癒しや再統合のプロセスを大切に考えサポートしています。つらい気持ちになったり，葛藤が起こったときには，スタッフに相談できるようになっています。また途中コミュニティ・ミーティングがあり，このトレーニングコースのコミュニティで起こっていることに関して，なんでも話し合いができるようになっています。

　コ・クリエイテッド・イブニング（ともに創る夜のイベント）という時間は，参加者が自分の表現や作品を披露したり，一緒に楽しんだりする時間です。みんなで歌ったり，踊ったり，ゲームをしたり，無理のない範囲での参加となっています。

　合宿の初期には，参加者同士が知り合って安全で信頼できるグループの環境を作ります。中盤では深いテーマのセッションが行われ，終盤では1週間の体験を振り返り，その体験を統合し，日常生活に何を持ち帰るかを検討する時間がとられます。

5．トレーニングコースでの学び

「自分自身になる」ことは「よいセラピストになる」ことに通じる

　トレーニングにおける学びは，それぞれです。個人的な葛藤や問題の解決，心身の癒し，自分の長所や個性の発見，自分が望んでいる人生の方向を見つける，表現アートセラピーを自分の仕事に生かすスキルを身につける，などです。よく聞くのは，「表現アートセラピーを仕事の中に生かしていく方法

を学んだ。でもそれ以上の収穫は，自分が予想以上に変化した。生きるのが楽になった，楽しくなった」というような感想です。

　共通するコメントとしては，「より自分らしく生きられるようになった」というものが多くあります。自分の個性を自覚し，また自分の中に眠っていた個性が開花し，「より自分自身になる」というプロセスが共通していると言えます。私自身のトレーニングの体験は，「自分自身になる」というよりは，「自分の中にあるとは思っていなかった潜在力やポジティブな側面を発見した」のですが，潜在的な力とつながることも広い意味で「自分自身になること」と言えます。

　トレーニングコースでの学びの例を，ふたりのトレーニング卒業生の体験から紹介したいと思います。トレーニングコース卒業生の何人かに，トレーニングの中での自己成長のプロセスを尋ね，PCAという環境の中で表現アートセラピーを行うことが，どのように表現アートセラピーの学びや自己成長に貢献したかについてのインタビューを行いました。

　インタビューの中で，PCAの環境の中でアート表現を行うことで，参加者がどのように自己成長するか，そして同時にどのようにPCAのファシリテーターとして表現アートセラピーを提供する態度を学んでいったかが，興味深く語られました。インタビューから発見されたのは，表現アートを使っての自己成長と，PCAの哲学を学ぶことが，参加者の中で同時進行していたということです。つまり「自分自身になっていくプロセス」――他人の評価を得たいという，評価が自分の外にある状態から，自分の感情や欲求に気づき，自己受容が進み，評価が自分自身の中に移り，自分らしく生きるというプロセス――と，「カウンセラーやファシリテーターとして成長するプロセス」が，まるでいれこ状態のようにお互いに影響しながら進行している様子がうかがえました。「自分自身を知り，自分を受け入れられる」ということが，他者を援助するカウンセラーやファシリテーターになるときに非常に重要であることがわかります。

　つまり自分自身の感情や欲求に気づき，それを受容できることが，他者の

それにも気づき，尊重し，丁寧に耳を傾けるために必要であり，「より自分自身になること」がよい援助者になるために役立つのです。

「よい人」からの脱却，真実の自分との出会い——ゆり子さんのケース

ある卒業生の体験を紹介し，トレーニングコースでの学びの中核を示したいと思います。仮に彼女をゆり子さんと呼びましょう。彼女は現在30代後半の方です。幼児教育に関わっていましたが，トレーニングコースに参加するまで特にカウンセリングや心理学を学んだ経験のない，一般の方です。

ゆり子さんがこのトレーニングコースに参加した目的は，「アート表現が好きだったし，集団の中で自己表現できる人になりたい」でした。

ゆり子さんによると，初めはよい参加者になろうとし，ファシリテーターの指示にすべて忠実に従おうとしていたそうです。表現のあとのシェアリングでは，相手の人が何か発見できるような発言をしようと努力したそうです（コース1のとき）。

次のように彼女は語ります。「コース1では，人の中に入るのが苦手なので，『人の中に入れるように，何かしなくちゃいけない』と考えていた。PCAのガイドラインとして，『表現をやらない自由もある，分析解釈はしない』，という原則も意識はしていたが，表現をやらない選択をする勇気はなかった。人とシェアリングをするときは，何か意味あることを言おうとするので，解釈的になっていたかもしれない」と。そして「自分が何を感じるかよりも，自分が周りに対して何ができるか，を中心に行動していた。表現を楽しめなかった」と言います。そんな中でもコース1では，それなりの達成感もあり「人の中にいられた自分」に満足したようです。

コース2での体験に関して，「コース2になって初めて『自分が何を感じているのか』に意識が向き始めた。『自分がやりたいかどうか』，をチェックする感覚が出てきたが，行動には移さなかった。参加しなくちゃいけない，という意識であった。楽しいという感じは出てきた。前よりは『表現は自分のため』と思えた」と語っています。

第3章　表現アートセラピーのトレーニング　　125

　コース1と2では，自己探求がテーマなので，表現を楽しみ，表現から自分を発見することに重点が置かれます。肩の力を抜いて，無理をしないで，それぞれのペースで体験してもらうように工夫していますが，それでも「頑張って表現し，頑張ってシェアリングする」という人も見られます。逆にすぐに表現を楽しめる人も多くいます。ゆり子さんはもっとありのままの自分でよいことに，コース2になって気づきました。

　「表現は自分のため」と思えたきっかけは，繰り返し「無理をしなくてよい。自分のペースややり方で表現してよい」というファシリテーターからの声かけがあったため，と彼女は振り返っています。例えばムーブメントをするときに「自分のスペースを確保して，人から見えにくいように後ろを向いてもよい，自分にとってやりやすいように」と言われ，自分にやりやすいようにしたときに自分を感じやすかった，と述べています。そのような具体的な声かけが，「自分にとって心地よいことを行ってよいのだ」という方向性を促進したようです。そのような繰り返しの声かけによって，「そういえばこのことはコース1のときにも言われていたな，と思った」と回想しています。今までの自分の価値観と異なることを自分の中に取り入れるためには，何回か繰り返しの体験が必要なようです。

　さらに彼女は語ります。「自分の中に軸ができてきた。そしてコース2のとき，言葉を介さないワークが多かった。例えば背中合わせになって，声を出していくワークがあり，自分のからだの感覚とつながることができた。また大きな紙に自分のボディイメージの絵を描くなど，体感するワークが多かった。それによって自分のからだの感覚とつながっていった。それまでは身体感覚は苦手

図1　合宿会場から見える風景

であった。身体感覚イコール運動能力と考えていた。声を出すワークにしても，大きな紙に描くワークにしても，頭で考えないで表現することができた」と。

からだとつながるということは，より深い自分（頭のレベルだけでない）とつながることであり，すぐに言葉にならないような領域に入っていくことになります。自己成長のひとつの側面である，「頭のレベルだけでない，より全体的でまるごとの自分になる」ためには，からだとつながること，そしてそのためには言葉でない表現を用いるのが役立ちます。

そして「自分の中に軸ができる」という変化は，カール・ロジャーズが述べている「評価の基準が他者から自分自身へ移る」という自己成長に合致しています。

興味深いのは，ゆり子さんの場合，最初のコースでは，楽しむこともできなければ，自分を発見するということもあまりなかったことです。人の中にいるのが苦手な自分が7日間その場にいられたことが最大の達成のようでした。もちろん最初のコースから楽しめて，多くの自己発見をする方もいます。どちらがよいということではなく，プロセスの中でその人に必要なことが順番に起こってくるようです。

彼女にコース2で大きな変化が訪れました。まず「表現が自分のためのもの」であり，「自分が何を感じているか」が大切になり，「自分の中に軸ができた」と語るように，意識が，「外から期待されることをする，または自分が自分に期待することをする」，というところから「本来の自分，からだで実感する自分が，何をしたいか」に移ったことです。そして頭で考えるのではないレベルで表現し始めたことです。「頭で考えるのではないレベル」とは，無意識の領域とコンタクトし始めているということでしょう。人が成長するときには，意識だけでなく，からだを含めた無意識も深く関わってきます。

そしてそれを促進したのは，繰り返し「ありのままの今の自分でよい」「無理をしなくてよい」「あなた自身が選択してよい」というPCAのガイドラインを聞き，それが許される環境であることを感じたからと思われます。人

がありのままの表現をする場は、評価や批判、分析などのない、守られた心理的空間が必要です。それが実感として感じられると、より深い自分が表現されるようになります。

　繰り返しになりますが、ありのままの自分を感じるためには、からだの実感を取り戻すワークやエクササイズ、そして言葉に限定されない表現を行うこと（表現アート）が役に立ちます。

　コース２が終わった時点で、「いい意味でPCAは、こういうものだとわかり、人に合わせなくちゃ、という感覚がなくなった。この時点でPCAは、頭でもわかるし、安全な環境を体感できた（それまでは頭でわかるが行動できなかった）」と語ります。

　「どんなときに安全な環境と感じられましたか？」と尋ねると、とても興味深い答えが返ってきました。「ひとりでいることに抵抗がなくなった。そのままでいいんだって肯定されている感じ。ありのままでいていいんだ、無理して周りに働きかけなくちゃ、という焦りがなくなってきた」という答えでした。外から見ると、彼女から他の人に働きかける行動は減ったかもしれませんが、彼女の内部では、大切な変化が起こっていたのです。

　「ひとりでいられる」という言葉は、他のトレーニング参加者からも聞く言葉です。別の参加者は、このことを「真空」と表現しています。友田不二男[注1]もこのことを述べています。無理をして他者といる必要がなくなり、自分を感じるための前提になる態度かもしれません。カウンセリングの中でも、カウンセラーが共感的にいてくれるので、そこで十分自分を感じ人に迎合せず自分でいられるという意味でもあるでしょうし、グループの中でも一体感や信頼感があるので、ひとりでいられるということでしょう。

●クライエント役やカウンセラー役でも「より自分らしくいること」●

　ゆり子さんの体験に戻りましょう。彼女は、次のコース３で、大きな転換を体験することになります。コース３ではカウンセリング演習を行います。この演習は、三人組になって、クライエント役、カウンセラー役、オブザー

バー役の3つの役を順番に実習します。彼女がクライエント役になったときに，「よいクライエント役にならなくてもいい。今起こるままを話して，それをアートで表現していけばよいのだ」と感じることができました。これはコース2で体験した，「ありのまま，今のままの自分でよい」ということが，カウンセラーを前にしても可能になったということです。また

図2　受講生の合作

カウンセラーがリフレクション（言った言葉を繰り返す）してくれることで，「ありのままでいること」が促進されました。それは彼女にとって大きな体験でした。彼女は今までカウンセリングを受けたことがなかったそうです。

　クライエント役のときには，ありのままの自分でいられた彼女でしたが，カウンセラー役のときには緊張し，コース1のときのように「何かしなくちゃいけない」と感じる自分に戻ってしまいました。このように一歩進んだり，後退したりしながら足場が固まっていく様子が彼女の体験から読み取れます。そして前進と後退を繰り返しながら成長するプロセスは，すべての人に共通のものなのでしょう。

　オブザーバー役は，カウンセリングを少し離れた立場で観察します。冷たく観察するというよりも，そこで何もアウトプットしないのですが，温かく見守る態度をもちます。そこではカウンセラーとクライエントについていろいろなことに気づく学びになります。オブザーバー役によって彼女は「何もしなくても一緒にいる，また一緒にいてもらえる」という守られる体験をしています。そして人を支え守るためには，必ずしも言葉やアクションがなくてもよいことを感じました。介入されない安心感や，介入しなくても一緒にいられる感覚，何か一緒にしなくても仲間はずれにならない感覚を得られた

と語っています。

　カウンセラー演習では，3人の間で，葛藤が起こる場合があります。カウンセラーの意図とクライエントの意図がずれたり，クライエントが理解してもらえないと感じたりと，いろいろな葛藤が起こりえます。葛藤を見つめ，話し合うことでコミュニケーションにおける学びになり，どのようにお互いに耳を傾け尊重するかという，貴重な学びになるのです。

　ゆり子さんも演習のときに葛藤を経験し，演習後にその話し合いが3人でもたれました。私自身もスタッフとしてその話し合いに同席しました。その話し合いの中でゆり子さんに強い感情がこみあげました。彼女のジレンマは，「人を傷つけてはいけない。そんな自分は存在してはいけない」というものでした。つまり葛藤を話すと，それが相手を傷つけるかもしれず，自分の気持ちを語れなくなるのです。そして彼女には「泣いてはいけない」という自分への禁止があったのです。しかし気持ちはすでにあふれ出して，涙が出て止まらないという状況でした。

　そのときにスタッフとして私は「泣くのを止めなくていいですよ」と彼女に伝えました。彼女は「感情を出したら，自分が壊れる気がした」と振り返ります。「感情を止めないと，どうにかなってしまいそうな恐怖と不安があった」と。そして結果的にはその恐怖も否定せず，また感情を抑えずにいることで，恐怖が遠のき落ち着きました。

　このときの体験について，彼女は「それは，自分のままでよいと思えた体験だった。今までマイナスをはねつけ，人のために何かできる強い人になりたいと思っていたが，弱さを出せる強さというものもあるかもしれないと発見した。この話し合い，サポートがなかったら，最後まで続けられなかったかもしれない」と語っています。

　そして自分の価値観が変化し始めると，今までの条件づけの反動も大きく出て苦しかったようです。「解放される半面，残っている古い自分が出てきて，自分を強く引き戻そうとした。葛藤が大きかった。自分ひとりで納めることはできなかったと思う。それまでは抑え込んでいたが，選択の幅が広が

り，もう押し込められなくなった。その状態は苦しかった」と語ります。感情を感じ，表現してもよいとわかった自分と，それまで表現を禁止していた自分が，まだ折り合いをつけられない状態でした。

　作品作りに関しても，初めから頭で考えたものでなく，意外な作品が出来上がる体験が起こりました。またシェアリングにおいても，相手のフィードバックを参考にするが，そのまま鵜呑みにはしない態度がもてるようになりました。自他の境界がより確立した印象を受けます。

　コース４では，コース３で行ったカウンセリング演習がもう一度あります。彼女にとってコース３では，「こうでなければいけない」対「ありのままの自分でいる」がテーマでした。だいぶありのままの自分でいられるようになりましたが，コース４では，「カウンセラーとしてもありのままの自分でいられるか」ということがテーマだったようです。

　コース４のカウンセラー役のときに，よいカウンセラーにならなくてはと気張るのではなく，「自分のままでカウンセラーになれた」体験をゆり子さんはもつことができました。またクライエント役のときは，自分に正直であることが，よいクライエントであると思えたそうです。「自分のままでいる」ことは３つの役どれをとってもテーマだったそうですが，オブザーバーの役のときにも，分析しないでそのまま聞けて，よい悪いを判断せず，立ち会い続けることができました。

　コース３と４で，この実習を繰り返すことで，PCAのガイドラインをそれぞれの役割で実践できたようです。またコース３よりコース４の方が，積極的に関わることができたと彼女は語っています。「批判や決めつけをすることなく，いろいろ発見できた。クライエントとカウンセラーの掛け合いの感覚的なもの，ノンバーバルなものに気がついた。流れが変わったとか，クライエントが心を閉じているとか，心を開いているとか，ふたりが共鳴していることなどがわかるようになった」そうです。

　表現するセッションについても，自分の欲求を優先できるようになっています。「あるセッションで何かを作るより，感じる方に時間をかけることが

できた。1時間の制作時間があって，59分ボーッとして，最後の1分で描いた。指示に従うのでなく，何も浮かばなければ作品を作らなくてもいいと思えた。作りたい衝動が起こるまで待つことができた。今までは『何か作らなくちゃ』と思っていた。『作りたくなければ，作らない』，これがやりたかった。そういうことを楽しめるようになった。セッションの内容（課題）はあんまり重要でなくなった。それは道具。自分を見てゆく上での提案のひとつ。自分を見ることができれば，提案が何であれ，問題ない」と語っています。

　初めから比べると，ゆり子さんは自身を受け入れ，自分が感じることを大切にすることが格段にできるようになりました。そしてそれができるようになることが，カウンセラーとしてクライエントを大切にしながら，自分の感覚や感性を生かすことにつながっていきました。まさに自身の成長とカウンセラーとしての成長が重なっているのです。ここまででゆり子さんは，大変大きな課題を達成できました。さらに最後の段階（コース5, 6）では，グループのファシリテーションという次の課題に向かいます。

●グループファシリテーターとして「自分らしくいること」●

　コース5と6では，また違う課題が与えられ，ゆり子さんはまた元の感覚に一度戻りました。「また知らないことに飛び込んだので，コース3のときの感覚が戻ってきた。アウトプットしなくちゃいけない。自分にはグループのリードなんてできないと思った。コース4と同じに，自分のままでいながらファシリテーションできるんだろうか……。いままでリーダーシップをとるときには，バリバリとやってきた。その自分とは違うやり方でやれるだろうかと心配だった」と述べています。グループのファシリテーションを行うときにも，彼女にとって大切なことは，ありのままの自分を大切にしながら行うことでした。

　そしてコース5でグループのファシリテーションを実際やってみると，参加者のノンバーバルな雰囲気を感じながらファシリテーターをすることができ，そんな自分を参加者が受け止めてくれる安心感を彼女はもちました。参

加者には「自分に素直にいてほしいし,よい参加者にならなくてよい」と思ったのです。

そして参加者は,グループファシリテーターのゆり子さんがあるエクササイズの提案をしたときに,「あまりそれはやりたくない」と意思表示をしました。ゆり子さんにとっては,試練となる状況でしたが,「今まではもし参加者が参加してくれなければ,それを自分の失敗と考えていたが,この回では何を提供するかは問題ではなく,参加者が何であれ内面を見ることができるのが大切」と思えたそうです。そのときゆり子さんは,参加者の気持ちを尊重することができ,また自分自身の感情も受け入れ,さらに現実的なファシリテーターとしての対応も行うことができました。

このセッションで参加者がやりたくない気持ちを表明できたのは,彼女のファシリテーションがよかったからなのです。つまりファシリテーターを信頼できるからこそ,参加者が「やりたくないという気持ち」を表明できたのだと思います。そしてその気持ちをよく話し合うという流れになりました。話し合っているうちに参加者のひとりが「やってみたい気持ちになってきた……」と言い,セッションの流れが変わりました。コース3での彼女の体験,「泣き尽くしたら変化した」と似ています。葛藤を感じ尽くしたら流れが変わりました。彼女は,「今起きていることにとどまるのも大事なのだな」と感じました。

またコース5で,他の人がリードするセッションに参加しているとき,ゆり子さん自身の感情があふれ出し,参加し続けることができなくなり,活動に加わらず外から見ていました。「そのときフォローされる体験ができた。今までなら他のファシリテーターのセッションは,参加しなくちゃいけないと思っていたが,そうでない行動がとれた」と述べるように,自分の中に起きる気持ちをさらに尊重する行動がとれるようになりました。

コース6では,ゆり子さんは反抗期の自分と向き合いました。つまり「自分が何をしたいかわからない。したくないことはわかるが,したいことがわからない」という状態になりました。「自分がやりたいセッションが思い浮

かばないので，ファシリテーションはやりたくないと思った。でもファシリテーションをやらないという選択はとれなかった。そしてみんながまたコース5のときのように，参加したくないと言ったらどうしようと，ちょっと恐怖感があった」と語っています。彼女は結局セッションを行う選択をしました。彼女がリードしたセッションは，自由度を上げて課題を限定せず，参加者自身が作りたいものを作ってゆけるセッションでした。「ファシリテーターは見守る役。自分の中のセッションをリードしたくない気持ちを大切にすることと，実際にやったことに橋を架けられた。ファシリテーターも自分を大切にし，ファシリテーターがそれを受容していれば，クライエントも自分を大切にする体験になるのだとわかった。今までは完璧なファシリテーターがよいと思っていたが，今の自分を尊重して最善を尽くすのがよいのだと思った」と語っています。

　本当はこのときゆり子さんは，ファシリテーターをやりたくなかったのです。でもその選択はできませんでした。実際には可能ですが，もう一度コース6をとらなくてはならないからです。やらないという選択はしませんでしたが，「やりたくない」という自分の気持ちを受け入れ，その気持ちを尊重するセッションを行うことができました。そしてそこで発見したのは，自分を尊重することが，参加者を尊重する気持ちに通じ，参加者によい影響を与えたということでした。またそれは現実的な対処でもありました。自分のコンディションも含め，自分のベストを尽くすという貴重な学びにもなったのです。

　コース6のあるセッション（ゆり子さんがリードするセッションでなく

図3　合宿会場の様子

表3 トレーニングでの成長のプロセス (ゆり子さんの場合)

◆コース1◆	「よい子,よい参加者」「人の役に立つ自分」「人の中にいるのが苦手なので克服したい」
◆コース2◆	「自分は何を感じているのだろう?」「表現は自分のもの」 「自分の中の軸ができる(評価が他者から自分へ)」 (繰り返しのPCAの教示,からだの実感を促進するエクササイズにより,頭にとどまらず真の自己と出会えた,表現アートでの表現がこの変化を促進している)
◆コース3◆	「今の自分でよい」「感情の受容」 「抑える自分」と「表現しようとする自分」の葛藤 「ゆりもどし」Co役では「何かしなくちゃ」,Cl役では「自分のままでよい」,オブザーバー役では「介入しないが見守る」 (Co役,Cl役,オブザーバー役をやることでの学び)
◆コース4◆	Co役でも「自分のままでよい」,Cl役では「より自分でいられる」,セッションの中では「自分を尊重できる」, 「ノンバーバルなものをより感じられるようになった」 (この回のテーマでもある「コミュニティの中の自分」を感じることで「より自分でいる」ことが促進された)
◆コース5◆	「アウトプットしなくちゃ」と思いながら,自分を受け入れ,参加者を受け入れたファシリテーションが行えた
◆コース6◆	ありのままの自分でファシリテーションを行えた

参加したもの)で,ゆり子さんは「反抗期のワーク」をすることができました。ドラマのセッションで,反抗期の自分を表現することができたのです。「いやだ,いやだと言い続ける自分をドラマの中で表現できて,とても楽しかった。生き生きできた。『いやだいやだ』と言ってみたかった自分,本当の自分を出せた。自分の中で毒と思っていたことをユーモアに変えられた」と語りました。

　トレーニングコース終了後も自己成長のプロセスは続いていると,ゆり子さんは語ります。今の自分を大切にしながら,次の方向に進むようにしているそうです。

ゆり子さんのトレーニングコースにおけるプロセスには，自分の声を聞き，自分を大切にするという成長が，とてもわかりやすく表現されています。PCA の自由で安全な場と，アートで表現することで真実の自己と出会うという，このふたつの組み合わせが，成長のプロセスを促進しています。

専門家にとってのトレーニングコース——すみれさんの場合

もうひとりの卒業生のすみれさんの経験もご紹介しましょう。専門的に心理療法を学んだ人にとっても，トレーニングコースで心理療法の神髄に触れ，さらに自分の心理療法を向上させる学びになりました。

すみれさんは，臨床心理士で，教育相談のカウンセリングの仕事についている方です。彼女は大学院で PCA を学びましたが，このパーソンセンタード表現アートセラピーのトレーニングで初めて PCA をからだのレベルで実感できたと言います。

彼女は大学院生のときに，カウンセリングの演習を何度も授業で行いました。そのときには自分がクライエント役を終わったあと，心やからだがざわつくような妙な感じが残ったそうです。そしてこのトレーニングコースでカウンセリング演習をしたとき，相手のカウンセラー役の人がとても丁寧に話を聞いてくれ，PCA に沿ったカウンセリングをしてくれました。そのときには，今まで感じた妙な感じがまったくなく，本当に丁寧に自分の話を聞いてもらえたと感じました。心やからだのざわつきはなく，ただただ静かで，そして心の中には広々とした静かな空間が広がっていたように感じられたそうです。そのときにカウンセラー役をやった人は，今までカウンセリングを勉強したことがない，カウンセリングに関しては素人の人でした。その体験は，すみれさんにとってとても大きな意味をもつものでした。

そして自分が本当に尊重されたという，そのカウンセリング演習の体験後に，彼女にとって衝撃的ともいえる出来事がありました。それは，このトレーニング中のあるセッションでのことです。そのセッションは，ムーブメントでの表現を行うものでしたが，そのムーブメントの中で，「自分を超えた

大きな存在に支えられる」という深遠でスピリチュアルな体験が訪れたのです。そしてこの体験によって，自分の生き方そのものが変化し，その後の仕事でのカウンセリングの質が変わったと，彼女は言います。クライエントをより尊重し，相手のもつ肯定的な力を信頼できるようになったそうです。

このように専門的な訓練を受けた人であっても，このトレーニングで体験的にPCAのエッセンスや心理療法の神髄を体験し，大きく変化するプロセスが起こります。

また，専門的にカウンセリングを学んだことのない，まったくのカウンセリングの素人であっても，PCAの哲学を体験的に学び，相手と共感的にいるという姿勢が体得できます。それは表現アートセラピーを通して自分を発見し，自分自身を受容し肯定できることのパワーなのだと思います。「自分自身としてしっかり存在しながら相手の人といる」というセラピストの態度はとても大切です。この在り方は「プレゼンス」という言葉でも表されます。

6. PCAと表現アートの相乗効果

このように見ていくと，PCAの環境に身を置くことで，参加者はより「ありのままの自分」を感じ始め，それを受け入れ，「ありのままの自分を肯定」する方向に動いていきます。今のありのままの自分にまず気づき，その自分を尊重し，その自分を否定することなく，他者やこの世界と関わる方法を見つけます。それは参加者の時であろうと，カウンセラーの役割の時であろうと，クライエントやオブザーバー役，またグループリーダー役の時であろうと同じです。真実の自己をもとにコミュニケーションをとる姿勢は，PCAで大切にされる自己一致[注2]の態度です。そのような態度をもつ時に，相互の成長を促すコミュニケーションが成り立ちやすいのです。

「ありのままの自分」は，今までの自分と違う自分ではないのですが，「古くて新しい自分」とでも言えるでしょうか。また潜在的にもっていた肯定的な資質が「開花した自分」は，やはり出会ってみれば，「昔からどこかにい

た自分」であるかもしれません。時にはそんな自分は，「新しい自分」「思ってもいなかった自分」として感じられるかもしれません。

　他のトレーニング卒業生へのインタビューでも，「ありのままの自分でよい」という体験を繰り返しもち，自己肯定感が格段に上がった，という感想が聞かれました。トレーニングの中で参加者の個性が開花し，その個性を尊重した生き方が可能になる様子を見るのは，とても嬉しいことです。

　今まで家庭や学校の中ではいつも「別の自分」「よい自分」「頑張る自分」になるように奨励されてきた私たちですから，「本当の自分」や「ありのままの自分」を出すのは，リスクを伴います。また表現は必ず評価されてきたのですから，今のままの自分から出てくる表現でオーケーと感じるには，何度となくPCAのガイドラインが語られる必要があるようです。

　「ありのままの自分でよいと思えるようになった」という感想と，もうひとつよく聞かれるのが，「ひとりでいられるようになった」という感想です。この言葉もキーワードのようです。これは，自己の確立という言葉で置き換えられるかもしれません。自分のニーズや欲求に気づくことができ，それを尊重できるようになるということでしょう。それが達成されるには，「人の期待に応えなくてよい」「人に合わせなくてよい」という環境と「グループの中で一体感があり，信頼できるのでひとりでいられる，理解してもらえる」という環境が両方必要なようです。

　日本人にとっては，この「自分ひとりになる」，「自分の欲求やニーズを感じ，それを表現する」ということが難しいのですが，このことは自己の確立にとって非常に大切なプロセスと思われます。日本文化では，人に気を配り，人の期待に応えることが優先され，自分のニーズに気づき，それを満たすことがなかなか難しいからです。自己を発見し，個を確立し，その上で他者を尊重し絆をつむぐためには，このステップが必須です。PCAの環境により，自分のニーズを感じて，自分を尊重することが促進されます。

　そして「安心してひとりになれること」，自己の確立には，新しい自分を受け止めてくれる他者や集団が必要です。今までの自分の人生で不足してい

た体験（例えば楽しく遊ぶ，人と群れる，人から離れて安心してひとりでいる，集団にありのままの自分を受け入れてもらう等）を，安心できる集団の中で補っていく体験が役立ちます。そしてトレーニングコースという継続的な時間と安心感が育った集団の中で（毎回馴染みのメンバーがいたり，共有できる経験をしているメンバーで構成される集団）の安心感も「自分の育て直し」を促進する要素となっています。

　PCA の環境があることで，安心して表現アートでの表現・創作活動を行うことができます。表現アートセラピーで自分を表現する場が，安全で自由であればあるほど，正直な自分，深い表現が可能になります。そして否定的と一般的には思われる感情とも向き合うことができます。自己の中の否定的な側面を受け入れ，愛することでその部分は変化していきます。表現アートを PCA の環境で行うことが，セラピーの安全性と効率を高めます。

　また表現アートセラピーで，多様な表現媒体を用いて自分を表現することで，今まで知らなかった自分のさまざまな部分と出会い，過去の心の傷が癒され，自分のもっている可能性や潜在能力にも気がつくことになります。かのソクラテスをはじめとして，多くの哲学者や宗教家が「自分を知ること」の大切さを説いていますが，表現することで「自己知」が深まります。そして表現アートセラピーが促進する「自己知」は頭や知性だけの理解ではなく，体から，そして潜在意識から自分を知る，「真の知識」となります。自己知が深まることで，自分は真の自分とつながり，視野は広がり，本来の自分の個性が開花するといえます。そしてこのことは，PCA のよりよいファシリテーターとなる素養を作ります。

　そして表現アートセラピーにおいての，互いの作品や表現を尊重する体験は，PCA の哲学である「自分と人を尊重する」という態度を自然に養います。つまりいろいろな意味で PCA と表現アートは，お互いをサポートし合いながら相乗効果を生むのです。

　表現アートセラピーでの作品作りとそのシェアリングが，なぜ PCA の態度を身につける上で役に立つかを，もう少し説明します。作品についての話

を共感的に聴き，作品をありのままに受け止める（作品を尊重する）ということが，とりもなおさずその本人をありのままに受け止める（本人を尊重する）ということにつながります。作品をそのまま認めるということは，作品が外的なものとしてそこに存在するので，比較的楽にできることです。作品をシェアリングするということは，そこに平等な立場が醸成されます。カウンセリングのように言葉でその人を受け止める作業は複雑なプロセスであり，言葉での微妙なすり合わせが必要なので，高度の訓練が必要です。作品を受け入れることは，高度な訓練を受けていなくても比較的容易に行えます。

　表現や作品を共有する（分析解釈，評価なく）ことが，お互いの存在を尊重するという行為になります。この対等さは，高齢者との表現アートセラピーでも見られたことです。そしてそこで表現されたことは，その人の個性が表れているので，お互いの個性に触れ，個性を尊重するということになります。たとえば道徳の授業で「個性を尊重し合いましょう」と概念的に教育するよりも，作品を作ってそれを尊重するという実体験をすれば，個性の尊重という実際の学びとなるでしょう。

　このように表現アートでの表現活動にとって，PCAの心理的に自由で安全な場が大きな意味をもち，またPCAの哲学を学び体得する上で，表現アートで作品を作り自分を知り，その作品を相互尊重する体験が貢献します。ナタリーが創設したパーソンセンタード表現アートセラピーのトレーニングでは，本章で述べたように自己成長とセラピストとしての成長が並行して起こり，双方が絡み合いながらプロセスが進んでいきます。

　注1）ともだ　ふじお：1917年生まれ（2005年没）。ロジャーズの著書の翻訳とカウンセリングの紹介に先導的な役割を果たした。彼はカール・ロジャーズの面接記録の「ブライアンのケース」で「真空」に着目した。ブライアンは，折々に「真空」「ひとりになる必要性」に言及している。友田は，人の成長や躍進はこの完全にひとりぼっちである状況において起こると考えた。この真空や孤独は，自

分と向き合って自分をありのままに認めるプロセスと思われる。
注2）自己一致とは，カウンセラーの役割としての自分と真実の自分が一致した状態をさす。また，理想の自分と現実の自分が離れすぎず，「ありのままの自分」でいる状態も自己一致と呼ばれる。カール・ロジャーズはカウンセリングが成功する三条件のうちのひとつとして自己一致を挙げている。

Column ●筆者自身のトレーニングにおける体験●

　パーソンセンタード表現アートセラピーとの出会いは，衝撃的でした。「心の中を裏返す」とか「心の中に光を入れる，風を通す」と自分で別の著書で書いているように，「ありのままの自分になる」というよりは，知らない自分をいろいろ発見したという体験でした。私にとっては「遊ぶ」「楽しむ」ということを取り戻すことができたのがひとつの大きな収穫でした。また「情熱的でエネルギッシュな自分」と「静かな自分」というまったく異なる自分の側面を，異なる媒体で表現することによって発見したのも自己像を変える（肯定的な自己像へ）大きな契機となりました。

　トレーニングの中でよく「赤いヒトデ」が絵に登場しました。生き生きと海の中で動き，ゆったりと踊るようにその手を動かすヒトデです。今思うと自分の創造性を象徴していたものかもしれません。

　人が楽しそうに騒いでいたり，皆いろいろなコスチュームをつけて歩きまわる場に私は，黒いベールをかぶって座っていました。その場にいたいのだけれど，人からは見られたくない。相手からは見えないが，自分からはみんなが見えるという感じがすごく好きでした。隠れたい自分をグループの人は尊重してくれたのがとても嬉しかったのを覚えています。

　自分を無理やり表現しなくてもいいんだ，準備ができたときに表現すればよいのだと安心した体験でした。

第3章 表現アートセラピーのトレーニング   141

付　記　トレーニング生の体験から

●扉を開く●

　れんげさんは，トレーニングコースの卒業生で，50代の方です。トレーニングに参加して自分の大きな変化を実感されている方です。よくここまで自分が解放され自由になったものだと感心なさっていて，ご家族からもそのように言われているそうです。この作品を作ってだいぶ経ったころ，日常の中で心が傷つく体験がありました。そのときにこの作品を見ることで自分の中のエネルギーを取り戻した体験を思い出し，本来の自分の感覚を再認識できました。

....

　この作品はトレーニングコース５の最後のセッションで作りました。長いトレーニングの間，さまざまなことがありましたが，このころは子ども時代からの葛藤を手放して自分らしい生き方を模索していた時期と重なります。色画用紙にカッターナイフで葉っぱのような切り抜きの穴を開けたとき，からだの中を清々しい風が通ったような感覚がありました。背景に別の色の画用紙を置くと色が透けてとてもきれいでした。抱えていた問題への突破口が開いたということを体感できた作品です。上に８の字に置いたリボンは今まで生きてきた長い人生のようにも見えます。この作品を作ったことで新しい方向にすでに扉が開いていると感じることができました。そしてその扉は私が本来もっていた力を使って開くことができたと実感できました。

＊　＊　＊　＊　＊

● 怒りも大切な感情 ●

　たんぽぽさんは，トレーニングコース在籍中の方です。30代後半の方で，一般の仕事をしながら表現アートセラピーに関わっています。

……………………………………………………………………

　心に残る表現アートの作品・プロセスはいくつもあるのですが，トレーニングコース1で印象深かった作品があります。2日目の粘土のワークです。その時間私はめずらしく作品を作りたくなくて，周囲のパワーにも圧倒されていました。気づいたら「怒り」が出てきて，粘土を投げつけている間にいくつかの心的変容が起きて，癒しにつながった作品があります。そして，その翌日か翌々日かに取り組んだ自然素材を用いたワークで，まだどこかでくすぶっていた恋愛トラウマが浄化されてクリアになり，手放す作業に至りました。涙があふれた作品になりました。自分ではまったく予想外の展開が起きたので，とても印象に残っています。このワークが，その後のさまざまな自分の課題に取り組む突破口になったような，そんな想いの深い作品です。

＊　＊　＊　＊　＊

● 小さいころの私を癒す ●

　桃子さんは50代前半の女性の方です。トレーニングコースを始めたときには教師をしていましたが，その後アーティストとしての活動や表現アートセラピーに関わる仕事をするようになった方です。

……………………………………………………………………

………夢の卵………

　小さいころの自分に対していっぱい泣いたあとで出てきた夢の卵。小さな卵には，これから生まれたい新しい私が宿っていると感じた。ピンク色とパールの色のつぶつぶ，そして白い羽根は，卵をはぐくむ愛情と神聖なものの守護のように思えた。ピンク色の柔らかい桜紙の上に置いて大事に大事に育てたかった。今，確かに新しい私が

第3章　表現アートセラピーのトレーニング　143

生まれていると思う。

·········**この作品の前段階**·········

　小さいころの私は，家庭の中のいろんなことに胸を痛めていたけれど，父の暴力や罵声が怖くて言いたいことが言えなかった。そんな自分が情けなくて卑怯者に思えて大嫌いだった。この絵にはそんな自分が出てきた。描いたら，ハートをいっぱいつけて，花を降らせて，いいんだよ，しかたなかったんだよ，よくやっていたよ，と言ってやりたくなった。そのあとで「夢の卵」が出てきた。

* * * * *

●もうひとりの私●

　さつきさんはトレーニングの卒業生で30代前半の方です。トレーニングコースに参加していたころは20代半ばでした。現在は結婚し子育て中です。

　複数あるマスコットの中から気に入った物を選び取り，名前をつけて対話し，何を言っているのか文字に書く。そのあとで，そのマスコットになりきって，他の人とコミュニケーションをとるというワークをしたときのことです。

私は小さなバレリーナを選びました。座ってトゥシューズを履いている凛とした表情に惹かれて。彼女は自信に満ちていて，失敗を恐れることなく，ただ，自分のやってきたことを冷静に成し遂げるだけだ，と私に語ってきました。

　彼女になりきって動いてみると，私の中の明るく，堂々とした面が出てくるのがわかりました。普段の私にはない，自信。しばらくして疲れてしまい，なりきることができなくなりました。

　しかしほんの僅かな時間，私の中の冷静で高潔な部分を意識して感じることができました。ここぞ，というときのプレッシャーに弱く，どこか弱気になる，そんな私のいつものパターンに一石を投じてくれる，とても印象に残るワークでした。

……… **対 話 文** ………

私「あなたはだあれ？」
レイナ「私はバレリーナのレイナ。いつでも完璧に踊れるのよ」
私「踊るときに緊張したり，失敗が怖くなったりしないの？」
レイナ「毎日踊るためにからだを整えて，練習して。踊るために生きているから大丈夫なの」
私「舞台に上がって踊ると，どんな気持ちなの？」
レイナ「解き放たれるのよ。私の魂の表現よ。たくさんの人が私を観て感動し，その姿にまた私も感動する。バレエは私にとって生きる証なのよ」
私「自信に満ちたレイナが羨ましい」
レイナ「ただやる。それだけよ。今まで積み重ねてきたことを，無心でただすればいいの。あなたは考えることが多すぎるのよ」
私「心配や，考えを手放して私も踊りたいな。教えてくれて，ありがとうレイナ」

＊　＊　＊　＊　＊

● ドラマのワークの体験 ●

　あじさいさんはトレーニングコースの卒業生で，40代女性。トレーニングコース卒業後再受講したコースでの体験です。

第3章 表現アートセラピーのトレーニング

　ある夢に悩まされていた。一度見たきりだけれども，忘れられずに心に引っかかっている夢だった。昔，大好きだったけれども，事情があってもう会えなくなった「彼」が出てきた。私は彼にある会合で再会し，私は「おひさしぶり！」と言い，そのあとに何か一生懸命，話かけるのだけれども，相手は思いっきり迷惑そうな顔をし，冷たい言葉を投げかけ去る……という非常につらい夢だ。トレーニングコースの休み時間にそのことを，演劇を得意とする仲間たちに話したところ，じゃあ，その夢を演じてみよう，ということになった。まず，私が夢を説明する，そしてその夢を演じてくれる仲間4人に対して配役を決める。そうして演じてくれているのを私が見ている，というプロセスだった。関わってくれた4人，それぞれの解釈で，役柄を演じてもらう。みんなそれぞれ，その役柄になりきって，演じてくれていた。女性ばかりのグループで，男性はいなかったのだけれど，"彼"役の友人も説明どおり，ぶっきらぼうに演じてくれた。そして1回目を演じてもらったあと，少し違うと思える状況，あるいは「ここはこうしてほしい，こういうふうに演じてほしい」ということをリクエストして，そのように演じてもらった。「あ〜，そうだった。夢はこういう状況だったな」とあらためてつらさがこみあげて，少し胸が苦しくなった。

　その後，ある人の提案で，私自身が「夢の中の自分」になってみた。そして，自分としては，冷たくされたときに何を言いたかったのか！　を考えてみた。私は，「彼」の肉親で，私も大変尊敬し大好きだった人が亡くなったことを，人づてに聞いていた。直接，お悔やみを言いたかったのだけれど，もう話をすることもかなわず，それもつらかったのだ，ということが理解できた。そして自分自身が「冷たくされている」状況で，そのことを「夢の中の彼」に伝えた。涙があふれてきた。もちろんこれは「夢の中の自分」をドラマによって，望むように変えただけで，現実に何かが変わったわけではない。だが少なくとも，自分の中で「言いたかった思い」には気がついた。

　この夢の何が悲しかったのかは，「この人ともう二度と会えないこと」もあったが，「私もお世話になった彼の肉親の死」にお悔やみが言えなかったことがつらかったということに気がついた。この気づきは重要だった。ドラマにして演じてもらったおかげで，クリアになり，そのメッセージに気がついた。また，友人たちが自分の夢に真剣に関わって演じてくれた……ということも大きなサポートとなり，ありがたい！と思った。表現アートセラピーをやってよかった！　心からそう思えた瞬間のひとつだった。

　　　　　　　　＊　＊　＊　＊　＊

●飛び立つ天使●

　カリンさんは表現アートセラピーのトレーニング卒業生の40代女性です。もともとアーティストの方で表現活動をしていました。現在は表現アートセラピーを使った活動もしています。

....

………後ろを向いた天使………
　この作品は合宿形式のトレーニングコースの1週間の中での作品です。グループでひとつの大きな円の紙にランダムに線を引き，人数分にカットして，それぞれ別々に作品を描いていく形式のワークでした。私は，自分の選んだ紙の形から天使の羽の形を思いつきました。羽から描いていくと，それは濃い青い空の中に浮かぶ天使の後ろ姿になりました。作品を描いてから，ライティングを始めると，涙がこぼれてきて止まりませんでした。私には，天使がとても寂しそうに見えました。その後，いろいろな感情がわき起こりました。

　このワークのほぼ1年前，4月に母を，8月に父を，私は同じ年に両親を亡くしました。立て続けに両親を送ったことで，その1年はとてもあわただしく過ぎていきました。

………天使は，羽をもって，地面から離れて，飛び立つことができる………
　私は，結婚して実家を離れて生活していましたが，がんを患い数年かけて入退院を繰り返していた母と，その世話に四苦八苦しながら過ごしていた父から，常に離れられない感覚に襲われていました。さらに，思春期の子どもたちと夫との家族で，自分の役割を果たさなければならないことに対して，ある種の閉塞感をもって過ごしていました。母を亡くしてからは，一人暮らしになった父に対して，何かしてあげなければいけないという思いがありました。父はうつ病を患っていましたが，母が亡くなってからしばらくたって，少しずつ落ち着きを取り戻してきたように見えました。3カ月かけて，やっと自分の毎日の仕事を見つけて過ごせるようになってきていました。そんな父が，ひとり自分の部屋で心筋梗塞を起こし，突然亡くなってしまったことは，何年も患って亡くなった母のときと違い，うまく表現することができないショックと喪失感でいっぱいになりました。その事実を自分の中で認めることがなかなかできませんでした。

第3章　表現アートセラピーのトレーニング

………**天使はふわりと，とても身軽に飛び立つ**………
　私は，ひとりになってしまった父を心配する気持ちと，たったひとりの父だからもっと何かしてあげなきゃと考える義務感と，もっと父にしっかりしてほしいという欲求や，父のことをとても重荷に感じている，いろいろな気持ちが自分の中にあることに気がついていました。両親の友人や親戚は，仲のよい夫婦だったので，母のところに行けて，父は幸せだと言ってたけど，本当にそうだったのか，と自分を責めていました。62歳の母は，もっと生きたかったと言いながら亡くなりました。母だって父にもっと生きていてほしかったと思う。私にとっても，もっと生きていてほしかった。父を送って，からっぽになった部屋の中で私は，深い悲しみとやるせなさ，親世代からつながれていた何かから解放された感覚を味わいました。自分の上につながっていたものがスパッと切り離されて，突き放されて心細い悲しいような，急に天井が抜けて風や雨が通るようになったような，そんな感じでした。
　自分の子どもについても，少し似た感覚がありました。中学生，高校生と成長していき，子どもたちはもう親としての私の実際の手を必要としなくなっていました。それから，何度か表現アートセラピーの合宿や海外の研修に出かける機会をもちました。母が入退院を繰り返していたころには，できなかったことです。夫も子どもも，私がいなくても過ごせるようになりました。家族に縛られている，という感覚は徐々に失われてきました。

………**天使は何ものにもつながれていない，天使は自由に飛んでいける**………
　この絵を見ていると，つながれていないことが，身軽なことが，自由なことが，嬉しくなく寂しい，という感覚が波のように繰り返し寄せてきました。もう，二度と会えないことの寂しさ，親を亡くして自由だと感じることの罪悪感の混ざった複雑な感覚です。子どもや夫も，もう自分なんか必要としていないということに対する寂しさもあります。絵を見ながら，シェアリングをして，その不安な寂しい浮遊感について話したあと，もうひとつの言葉が出てきました。

………**でも，戻る場所もある．戻ろうと思えばいつでも戻れる**………
………**私は羽を手に入れた**………
　親世代から切り離され，子どもたちとの関係も変化し，羽をもつこと，つながれていたものから飛び立つことは，とても寂しく，せつないことであることを感じるとともに，自分で飛ぶことのできる羽を手に入れたことで，どこに行くかも自分で選んで，

自分で決めていける，ということを感じることができました。それは，表現アートの安全な場で，じっくりと自分の表現と向かい合い，仲間から支えがあったからこその気づきでした。
　丸い紙から切り離された，それぞれのピースは，パズルのように再度組み合わされ，また，ひとつの円として並べられました。自分の天使の絵が，グループの仲間のそれぞれの表現の中に収まると，少し寂しさが和らぎました。表現された作品のプロセスをグループの仲間と言葉でシェアすることで，それをただ聞いてもらうだけでも，さらに自分の気づきが促進されると感じた経験でした。同じ場を共有し，ともに表現をする，その作品をともに並べることが，とても助けになりました。
　この天使の絵は自宅の壁に飾ってあります。描いたときの寂しい感覚，仲間の大切さや，自分の家族への感謝を思い出すことも，また，新しい発見やメッセージを見つけることもあります。深い感情をともなった経験であったからでしょうか，この作品は私にとって自分を守ってくれる，お守りのような大切な作品になりました。

Exercises of Expressive Arts Therapy

第4章 エクササイズ

　第4章では,エクササイズにはどのような種類があるのか,対象によってどのように選ぶかを説明し,実際のエクササイズを紹介します。
　まず初めにエクササイズを大きくふたつの方向性で分けて考えたいと思います。

1. 心理探求的エクササイズと創作・表現中心のエクササイズ

　表現アートセラピーのエクササイズを考える場合,芸術療法が心理学と芸術というふたつの分野に足場を置くとすると,エクササイズも心理学的オリエンテーションのワークと芸術的オリエンテーションのワークが考えられます。本書では,自己発見を促進するようなエクササイズを心理探求的エクササイズと呼ぶことにします。心や感情を探るような自己発見的,問題解決的なエクササイズです。また心や感情を探り,気づきを導くような声かけやファシリテーションは,心理探求的ファシリテーションと呼ぶことにします。芸術的オリエンテーションのワークは,本書では創作・表現中心のエクササイズと呼び,作品を作り,創作や表現のプロセスを重視し,感情を探ったり気づきを意図的に促進することを目的にしないワークとします。もちろん作品を作り,表現するプロセスの中で気づきや発見は自然に起こりますが,そのことに焦点を当てず作品作りの楽しさや個性の表現を大切にするワークと

考えます。必ずしもどちらかに分類できるとは限りませんが，本書では，わかりやすくするために，あくまでもひとつの切り口としてそのような分類をしたいと思います。

そのときの個人の状況によって，どちらのワークがぴったりするかが異なり，実施対象によってこのふたつのワークを使い分けることが役立ちます。

第1章で解説したように，芸術療法では，アートサイコセラピーとアートアズセラピーというふたつの立場があります。アートサイコセラピーの立場では，セラピストとクライエントの関係性の中での気づきを重視し，作品との対話や，セラピストとクライエントとの対話を重視します。一方アートアズセラピーの立場では，作品の制作プロセスそのものに癒しの原点を見る立場で，作品制作（または表現）そのものに重点が置かれます。本書での心理学的オリエンテーションと芸術的オリエンテーションという分け方とも重なる部分があります。

私自身の体験からも，エクササイズの違いによって，アート表現から自分の内面を洞察していろいろな感情に触れたり，過去のトラウマを癒すというような方向に進む体験と，心の中を見たり洞察するというよりも，作ったり表現すること自体が楽しく面白いという体験とふたつの方向性があります。私が体験したナタリー・ロジャーズのワークでは，テーマの設定が心理探求的なものが多く，声かけも「今何を感じていますか？　この表現と今の自分とのつながりはありますか？　今の現実の生活や人生について，この作品は何を語っていますか？」というような心理探求的なファシリテーションが多かったと思います。もともとナタリー・ロジャーズが表現療法研究所で行っていた表現アートセラピーは，主に一般の心理的に健康な人を対象にしていたので，心理探求的な色合いが強かったのです。

私自身心理探求的なエクササイズやファシリテーションで，いろいろな自己発見や自己成長が促進されました。それはとても満足感のある体験でした。ですがときには自分の内面を探るのが疲れるときもありました。人には，表現することが面白く，そのことだけで充分に感じ，何も考えずに創作に没頭

したいというときと，ただ作品を作るだけでは物足りない，もっとそこから発見したい，探求する手伝いをしてほしい，問題を解決したい，と思うときがあるように思います。

　アートセラピストである，ジュディス・ルービンがその著書"Art Therapy: An Introduction"の中で述べていることですが，あるクライエントが息子を亡くしたときに，それにまつわる表現（例えば，今の気持ちを絵で表現してみる等）ではなく，ただただ陶芸を行い続けました。ルービンはこのクライエントが深い悲しみを癒す上で，創作活動こそが癒しとなったのではないか，と書いています。人は心の内容に直接触れることで癒されることもあるし，逆に触れないことで癒される方向もあるのだと思います。そして創作・表現活動自体が癒しの力をもっているのです。

　また芸術療法一般に関して，無意識とアクセスしやすい特性をもっているので，私たちの肯定的リソースと触れることを助けてくれるのですが，普段意識しないいろいろな感情や葛藤に触れるのを促進する働きもあります。ですから感情や心の内容に触れるエクササイズやファシリテーションの方法は，その作業をするエネルギーのある人に対してのみ行う必要があります。そしてもちろんそれを望む人に行うことになります。

　私たちの中の感情や葛藤，過去の痛みなどは，意識にまだ統合されずに無意識の奥にしまわれていることもあるので，その箱を開けるには，心の中にそれに対処するエネルギーや統合する力が必要となります。それは，心理学的な用語である「自我の強さ」や「心の健康度の高さ」という言葉で言い換えられるかもしれません。

　高齢者の表現アートセラピーでは，一般的に「楽しみ，自己評価を上げる」体験が目標になるので，感情を刺激する心理探求的エクササイズは通常行いません。また精神科の患者さんにも心理探求的エクササイズは通常行いません。ただし第2章の「精神科クリニックでの適用」で述べたように，それが可能になる場合もあります。

　心理的なテーマを設定するエクササイズは，一般的に感情を刺激します。

逆に素材や材料から自由に制作したり，心理探求的でないテーマで制作するものは，感情への刺激はマイルドです。つまり創作・表現中心のワークが，心や感情に触れないということではありません。直接的に心のテーマや問題を切り口にしないということです。

イギリスでアートセラピーを学ばれた，山上榮子・山根蕗さんは，著書『対人援助のためのアートセラピー』の中で，テーマを設定するエクササイズを「指示的エクササイズ」，テーマを設定しないエクササイズを「非指示的エクササイズ」と呼んでいます。

前述したようにナタリー・ロジャーズが表現療法研究所で行った方法は，心理探求的な方向性をもっていますが，パーソンセンタード表現アートセラピーという枠組みは，心理探求的な方向性だけでなく，対象によっては創作・表現中心の表現アートセラピーを行うことが可能です。私自身高齢者や精神科で表現アートセラピーを実施するときには，原則として創作・表現中心のエクササイズを用いました。

2. 芸術療法におけるいくつかのベクトル

芸術療法の中でも，寄って立つ流派や方向性によって，いくつかのベクトルがあると考えられます。そのいくつかのベクトルとは，以下のものです。

●〈遊びの要素〉vs〈芸術性〉●

まずひとつは，遊びの要素が強いのか，芸術的な要素が強いのか，というベクトルです。遊びの要素が強い芸術療法では，表現の技術はまったく問わず，楽しく遊ぶ，探求するということが大きな目的になります。芸術的な要素が強い芸術療法では，表現する上での技術は問わないにしても，参加者がより高い芸術性（調和や美）を体験できるように導くことがあるでしょう。ナタリー・ロジャーズが確立したパーソンセンタード表現アートセラピーは，遊びの要素が強いと言えます。表現を重ねるにつれ自然に技術が向上してい

くことが観察されますが，セラピストやファシリテーターは，芸術性の高さへ誘導することはありません。ただしクライエントが望む場合は，技術や方法を示唆することはあります。

　表現アートセラピーの中でも，ファシリテーターがより高い芸術性へ導いていこうとするワークもあります。例えばグループでダンスを自主的に創作するときに，より調和や美を感じる方向へ向かってダンスを作る，というように。私はこのアプローチをパオロ・クニルのワークで体験しました。そのときには，個人個人が内的に何を感じるかよりは，ダンスという作品自体に注目します。そして参加者が一体となって美と調和の体験をもつ方向性が優先されます。パーソンセンタード表現アートセラピーでは，個人個人が何を感じているのかを大切に扱っていき，作品や表現自体の芸術性には重きを置きません。

●〈分析的〉vs〈非分析的〉●

　別のベクトルとして，分析的なオリエンテーションと非分析的なオリエンテーションがあります。分析的なオリエンテーションは，精神分析学やユング派の分析心理学に基づき，分析技法を用いて芸術療法を行います。非分析的なオリエンテーションは，本人の気づきを促進し，本人の主体的な気づきを大切にします。ゲシュタルト療法を基礎としたアートセラピーやパーソンセンタード・アプローチ（以下 PCA）は，非分析的なアプローチです。非分析的なオリエンテーションでは，セラピストは何もしないと誤解されがちですが，そうではなく作者と作品に真摯に向き合い，その作品についてクライエントと対話します。

●〈心理探求的方向性〉vs〈創作・表現中心の方向性〉●

　そして前述した，感情に触れ，気づきを促進する心理探求的な方向性と，創作・表現中心の方向性があります。ファシリテーションにおいても同様に，感情や気づきを促進するファシリテーションと本人の気づきに任せるファシ

リテーションというベクトルが考えられます。

●〈アートサイコセラピー〉vs〈アートアズセラピー〉●

　心理療法的な枠組みを重視し，作品を作ったあとでの作品との対話，セラピストとの対話や関係性を重視するアートサイコセラピーの立場と，作品を制作するプロセスや作品作りの中での癒しや発見を重視するアートアズセラピーの立場があります。

表1　芸術療法における方向性(ベクトル)

①遊びの要素（芸術性の高さにはこだわらない）	↔	芸術性（美や調和，芸術性の高さを体験することを重視する）
②分析的アプローチ	↔	非分析的アプローチ
③心理探求的方向性（心理探求的テーマを設定する，感情に触れやすい）	↔	創作・表現中心の方向性（素材からの作品作り，心理探求でないテーマ設定）
④アートサイコセラピー	↔	アートアズセラピー

　パーソンセンタード表現アートセラピーは，これらのベクトルで言うと，芸術性の高さにはこだわらず，調和や美の体験に導く意図をもたないので，①においては遊びの要素が強いと言えます。とはいえ自然に美や調和の体験は生まれます。②に関しては，PCAのため分析解釈は行わないので，非分析的アプローチです。③においては，もともとは心理探求的なテーマを設定することが多い方法ですが，素材からの制作や心理探求的でないテーマを設定する，創作・表現中心の方法をとることもあります。④に関しては，PCAという枠組みで行うので，アートサイコセラピーの立場になるでしょう。つまりPCAという枠組みを用いてファシリテーションを行います。ただし創作のプロセスやその体験も尊重し，創造性（クリエイティビティ）の発露を大切にします。

3. エクササイズの実際

　心を内省し，現在の感情や葛藤・問題に関わるような心理探求的エクササイズと，表現や創造する楽しさを中心とする創作・表現中心のエクササイズの両方を紹介します。心の中を探るためのエクササイズは，過去や現在の自分を見つめ，内省する心のエネルギーがある人が対象です。自己実現を求めてカウンセリングやワークショップに来るような人に向いています。また現在精神科で診療を受けている人であっても，病状により，カウンセラーや精神科医，クリニックなどのサポートや枠組みがあり，回復が進んでいて，心身のエネルギーがある人には行うことができます。創作・表現中心のエクササイズは，高齢者や子ども，精神科クリニックや病院等で行うのに適しています。また一般の人に対しても行われます。

　またエクササイズには，個人の内界を探求し，個人の気づきを促進しやすいものと，相互コミュニケーションを促進しやすいものがあります。絵や粘土などヴィジュアルアートの表現で個人的に作品を作る場合には，個人の内界の探求，個の確立を主に促進しますし，絵をふたりで描いたり，グループで創作したり表現する場合には，相互のコミュニケーションを促進し，対人関係的な気づきをもたらします。ムーブメントやサウンド・音楽による表現，ドラマなども用い方によって個人的な気づきの方に重点を置くこともできますし，コミュニケーションの促進に重点を置くことができます。もちろんどちらのエクササイズであっても，さまざまな気づきを促進するので気づきを限定することはできません。

心理探求的エクササイズ

　心理探求的なエクササイズは，以下のようなものがあります。

●現在の心の中の感情や葛藤などを見るもの●

　現在ストレスを抱えていたり，大きな悩みを抱えている人にとっては，つ

らい思いばかりが出てきてしまう可能性もあります。

（例）
- 今の気持ちを絵（または別の媒体）で表現する
- 今の気がかりや悩みを絵（または別の媒体）で表現する
- 最近楽しんでいることを絵（または別の媒体）で表現してみる
- 気がかりや悩みが解決したときの感じを絵（または別の媒体）で表現してみる
- 自分の個性やパーソナリティを探るようなエクササイズ
- その他自分の心理的葛藤や問題を探るもの

●過去を振り返るもの●

　特に家族，学校生活，友人などに関わるものを思い出してもらうと，つらい感情が出てくることがあります。もちろんよいものが出てくることも多いのですが，悩みが多かった人には，つらい思い出の方が多く出てきて圧倒される可能性もあります。

（例）
- 過去・現在・未来を絵（または別の媒体）に描く
- 運命が形作った自分を粘土で表現する
- 生まれたときの自分の自由な精神（スピリット）を粘土で表現する
- 子どものころを思い出して絵を描く
- インナーチャイルド[注1]などのワーク

●さまざまな心理的テーマ設定●

- 心の傷を癒す
- ボディイメージを絵に描く
- 男性性と女性性を探求する

・「開くと閉じる」をムーブメントで探求する

　今の自分から自然に生まれるからだの動き（ムーブメント）を表現するオーセンティックムーブメント（解説は第4章179頁を参照のこと）などは，からだの中にしまわれている過去の感情やトラウマに触れることがあるので，テーマがなくても強い感情に触れるワークになることがあります。

創作・表現中心のエクササイズ
　感情を直接刺激しにくいワークとしては，創作・表現中心のワーク，また素材からのものづくりのワークがあります。特にテーマを設定せずに，作品を設定し（うちわを作る，おひなさまを作るなど），素材を用意し，クライエントが作りたいように作品を作ってもらう，または心理探求的でないテーマ（好きな食べ物，旅行，夏の風物など）を設定する方法です。具体的に作品（見本）を提示し，そのお手本を参考に作る場合もあります。作品を作ったあとで気づきを促進するような質問をせず，それに関して語りたいように語ってもらうにとどめるのも，感情を必要以上に刺激しない方法です。
　今のところ私や表現アートセラピー研究所が行っている創作・表現中心のエクササイズは，ヴィジュアルアートの媒体を用いるものが主になります。ヴィジュアルアートの創作・表現が主になりますが，その前にからだをほぐしたり，音楽を聴いたり，作品完成後に言葉を添えたり，表現アートセラピーの要素が入っています。エクササイズの紹介では，主になるヴィジュアルアートのエクササイズを解説します。
　創作・表現中心のエクササイズは，アーティストで表現アートセラピー・ファシリテーターの三輪ゆうこさんの協力を得て実施しているものです。三輪さんは，高齢者の方たちのデイケアや病院，精神科の患者さんたちの福祉作業所，発達障害の子どもたちとワークを行っています。
　高齢者の方とのワークでは，季節や行事，理解しやすいモチーフなどを提示し，素材や題材から，興味をもってもらい，抵抗なくアートの制作に導入

できるよう準備します。テーマは心理的な切り口でなく，季節や行事等から設定します。見本も用意しますが，おのおのが個性を出せることを大切にします。色や表現の仕方に選択の幅をもたせ，出来上がりはそれぞれの個性が反映できるように工夫します。素材の色やレイアウトを自分で自由に選択できるようにし，作品の完成を目標とせず，その人のこだわりを大切にする声かけをすることで，自分らしい作品になります。自分らしい作品を作ることによって，自分を再確認し自信をもつ経験になります。またグループワークなので，仲間と作業をともにすることでそれぞれの個性や存在を認め合うことができます。

　心理的テーマの設定は行いませんが，作品を自然体で楽しんで製作することによって，適度に感情が刺激されて，作業の途中や出来上がった作品を眺めながら，思い起されることがらや思い出が，会話につながります。このような時間を定期的にもつことで，他者への関心も促進することが見受けられます。日常をともにしているスタッフの方たちにとっても，普段の生活と違った発見や気づきが得られる機会になります。

●エクササイズの例●

- 粘土での自由な作品作り
- 和紙のちぎり絵
- 季節を盛り込んだ作品作り（おひなさまを作る，うちわを作る，リースを作る，ランタンを作る，など）
- 第2章にある「高齢者への表現アートセラピー」で紹介したエクササイズ

次節で紹介するエクササイズ

心理探求的エクササイズとして以下を紹介します。

(1) いたずら描きの絵（絵のウォームアップ）

(2) ミラームーブメント
(3) 最近の自分（4枚の絵とムーブメント）
(4) 4つの側面（からだ，心，頭，魂）
(5) 粘土との対話
(6) 粘土作品に与えたい環境
(7) 宝物地図
(8) 心の傷と癒し
(9) 人間彫刻
(10) なりきりウォーク
(11) ムーブメント「開く，閉じる」
(12) グループエクササイズ 「粘土」と物語

創作中心のエクササイズとしては以下を紹介します。

(1) コラージュ「私の好きなもの」
(2) 葉っぱのスタンプ
(3) 薄紙アート
(4) 生け花アート
(5) ふくわらいアート
(6) 雪だるま

4．心理探求的エクササイズ

(1) いたずら描きの絵（絵のウォームアップ）

◆準備するもの：クレヨン16色以上，八つ切り画用紙

◆手　　順：好きな色をとって，好きに塗ったり，線を引いたりします。

具体物を描くのではなく，手が動くままに線を引いたり，色を塗ったりします。利き手ではない方の手を使うことを奨励します。その方が上手下手が気にならず，描けますし，利き手はコントロールが利きすぎる「いい子」になりやすい手なので，利き手でない方が自由に描けます。でもこれも提案です。試してみてやりやすいように行ってください。色は，何色使ってもかまいません。きれいな絵とか上手な絵を描こうとしないで，めちゃくちゃでいいし，わけがわからなくてもいいのです。手が動きたいように描いてみましょう。正しいやり方，間違ったやり方はありません（10〜15分くらい）。

　今度は絵を見て，いくつかぴったりする言葉を見つけてみましょう。「ぐるぐる」「疲れ」「明るい」「暗い」「優しい」など，どんな言葉でもいいです。裏に書いてください。

　描いたあとシェアリングをします。二人組になって，ひとりの人が自分の絵について語ります。このときのルールは，「相手の人を尊重して話を聞く。評価，分析解釈はしない，アドバイスを言わない」です。

　絵については例えばこんなふうに語ります。どんなふうにこの絵ができたか，描いてどんな感じがしたか，言葉を添えて何を感じたか。「この色を使

ってみたくて使いました。何を描いたらいいのかわからず，ただぐるぐる線を描きました。……言葉を添えてみると，何か暗い感じだけど，エネルギーがあると感じました……」など。話を聞く側は，自分が個人として感じたものを言います。「この絵のここの部分は，私には森みたいに見えます……」など。シェアリングをすることで，体験が消化され，相手の人からのフィードバックの言葉で気づきが促進されます。もちろん分析解釈をしないようにします。

Column ●左手で描く●

大学院学生のはるみさん，20代女性です。大学院での表現アートセラピーの授業での体験から感じたことです。

授業の最初の方で，クレヨンを使って画用紙に線を描いていったことがあった。このとき「利き手ではない方の手で」という指示があり，最初はとてもびっくりした。しかし利き手ではない方の手，私の左手で描いてみると，「ふた」が外れたような感覚があったことを覚えている。うまくやろうとしなくてよいのだ，自分の左手が動こうとするのに任せればよいのだということを実感できた。またそこにいる全員が利き手を使わないで描くという状況だったので，コントロールの利かないのは皆同じであるということも安心感につながった。このときの「利き手ではない方の手で」という指示が，安全に表現できる自由さを保障してくれたように思う。考えてみれば普段の生活では右手の働きに頼ることが多く，左手が主役となることなどなかった気がする。またクレヨンを使うのもずいぶん久しぶりだった。このときの体験は，子どものころに，自分の思うままに自由に描いていたことを思い出せた機会となった。

(2) ミラームーブメント

◆**準備するもの**：特にありませんが，動けるスペースが必要です。

◆**手　　順**：二人組になり向き合って立ちます。ひとりの人が，今のからだに気持ちよい体操ふうな動き，またはストレッチをします。もうひとりの人は鏡になったようにそれを真似します（ミラームーブメント）。2～3分動いたら交代してもうひとりの人が動きをリードします。まずは体操やストレッチなどから行う方が，エクササイズに入りやすいでしょう。

　ミラームーブメントは，相手が真似してくれるので，自分の動きを受け止めてもらい，サポートしてもらっているという実感が得られます。また自分の動きを相手の動きを通して見ることができます。またいろいろな動きをすることで，楽しくからだを動かすことができます。相手の動きを真似することで自分の動きのレパートリーが広がります。また相手の動きを真似することで相手の気持ちが理解しやすくなり，共感が深まります。

　自分が普段生活している動作をして（例えば掃除，ジョギングなど），ミラームーブメントをすることもできますし，感情を動いたり，イメージを動くこともできます。また動くときに声を出しながら動くと，声と動きの関係を探求できます。

　感情を動く練習では，「喜び」をムーブメントで表現したり，「怒り」「疲れ」「悲しみ」「寂しさ」などを表現してみます。そ

> ### Column ●ミラームーブメント●
>
> 40代女性の大学院生，まちこさんです。
>
> ....
>
> 　講義を交えながら，何枚かの絵画，粘土，ダンス，ドラマ，そしてマスクと，さまざまなモダリティでその日の気分を表現してきた。私はミラームーブメントと呼ばれるウォームアップが大好きになった。その日の気分があまりよくなくても，ふたりで向かい合って自分の思うままに身体を動かすことで，こちらの今の気分を分かち合えること，そしてそれを無言のうちに受け入れてくれているという感覚，また一方でこちらに気分を開示してくれているという喜びがあった。目に見えない素通しの鏡がそこにあり，決して相手に触れるわけではないけれども，ノンバーバルな心の交流を通して一体感が生まれていた。いつのまにか笑い合い，気分が上がっていた。言葉で直接的に人と関わるのではなく，芸術的表現を通して自分を表現して人と分かち合うという，言語による知的なレベルとは異なった交流による，喜びや満足感がそこにはある。

れぞれの感性で自由にからだを動かせばよいのです。

　イメージを動く練習では，「春の風」，「海の底の海藻」，「秋の枯れ葉」など，それぞれのイメージで表現します。いろいろな感情やイメージを動くことで，動きのレパートリーが豊富になり，絵をムーブメントで表現するときの語彙になります。

　ひとりの人がリードし，他の人が真似するミラームーブメントを初めて行うときには，恥ずかしい気持ちになることもあるようですが，遊び心も刺激され楽しい体験にもなります。しばらく動いたあとで，動いたときにどんな感じがしたかをシェアリングします。

　ミラームーブメントは，これだけでも気分を変化させたり，からだの感覚や今の自分がどんな状態であるのか，何を感じているのかの気づきになりま

すが，他の表現（絵を描く，絵を動く）のウォームアップにもなります。

(3) 最近の自分（4枚の絵とムーブメント）

◆**準備するもの**：クレヨン16色以上（パステルを代わりに使ってもよいですが，初心者にはクレヨンの方が使いやすいでしょう。パステルは粉が出るので，粉が洋服やカーペットにつかないように注意しましょう），八つ切り画用紙4枚

◆**手　　順**：4枚の絵を描くことで，最近の自分についての気づきを得，未来への方向性を探るエクササイズです。1枚目はウォームアップです。エクササイズの（1）（いたずら描き）をすでに行った場合は，2枚目の絵から入ります。1枚ずつ一生懸命描くと疲れてしまうので，1枚をさっと10～15分くらいで描いてもらいます。

①ただ手の動くままに使いたい色を使い，線や形を描いてみます。エクササイズ（1）のいたずら描きの絵と同じです。表現アートセラピーが初めてでない人も，久しぶりに行う場合は，ウォームアップの絵を描くことが役立ちます。頭で何を描こうかと考えることから離れて，手を無心に動かす境地に入るためのものです。

②現在の生活，人生の中で楽しんでいるもの，喜びを絵にします。それを色や線で表してみます。具象的に描くのでなく，その感じや感覚を絵にします。例えば私がヨガを楽しんでいるとします。そこでヨガをやっている姿を描くのではなく，その楽しさを色と線で表します。現在あまり楽しいことがないと思っている人にはつらくなることもあるので，「どんな小さな楽しみでもいいです。なければ過去の楽しかったころでもいいです」と付け加えるようにしています。

③現在抱えている不安や気がかりを絵にしてみます。それを色や線で表し

第4章 エクササイズ

Column ●悩みや気がかりの絵●

　20代男性，大学院生の冬彦さんが，大学院での「表現アートセラピー」の授業での体験から感じたことです。

　　　　　　　　　　　………………………………………………………

　私は授業の初めの方は，評価や人からどう見られているのかが気になり，なるべく「きれいな」作品を作りたいと自然に感じてしまっていました。人からの評価におびえる必要がないことを教示されるだけでは，今までの経験を取り除くことが困難でした。しかし，何度か回を重ね，自分の作品を評価されることのない安全な環境でシェアリングしていくうちに，だんだんと人からどのように見られるかということは意識しないようになりました。自分の作品を受け入れてもらえると，まるで自分のことを受け入れられているような気持ちにもなりました。あまりうまく描けなかったな，と自分で自分の作品を評価してしまっていても，人から批判されたり，否定されないでいると，こんな絵でも別に気にすることはないんだ，自分の描いたものだからもう少し大切にしてもいいのかな，と考えるようになりました。

　授業で「嫌な気分のとき」の絵を描いたときのことです。そのときの気分を味わいながら絵を描いていると，暗くてどんよりとした絵ができあがりました。しかし，「嫌な気分のとき」の絵のはずなのに，作品が完成してみるとその絵をけっこう気に入っている自分がいて驚きました。暗くてどんよりした自分も遠くから眺めてみると，こういうときもあっていいじゃないか，こんな自分も悪くない，と否定的な自分を受け入れることができた気がしました。自分を客観視することで，自らを受容できることを経験的に理解できたと思います。

　評価されない安全な場を提供することができれば，クライエントはその人本来がもつ力を発揮し，より自分らしく生きるようになるでしょう。以上が私が表現アートセラピーを体験し感じたことです。

てみます。これも同様に私が新しい仕事に不安を覚えているとすると，その不安や心配を色と線で表現します。今大きな悩みを抱えている人には，つらくなることもあるので「今あまりエネルギーがない人は，小さな悩みや気がかりを選びましょう」と言葉を添えます。
④希望や期待，こうなりたい自分を絵にしてみます。それを色や線で表してみます。具体的にどうなればいいかわからなくても，「明るい気持ちになりたい」と思っていたら，それを色や線で表します。

絵を描いたあとで，絵を見てぴったりする言葉をいくつか裏に書いてもらいます。言葉を添えることだけで，絵の理解に役立ちます。

一日ワークショップなどで，初めて表現アートセラピーに参加する方にこの４つの絵のエクササイズをよく使っています。

このエクササイズでは，通常４つをすべて絵で表現していますが，他の表現（立体，粘土など）でも行うことができます。ただし絵が一番入りやすいでしょう。抽象的な色と線で感情や感覚を表現する導入にもなりますし，今の自分についていろいろ気づくエクササイズにもなります。まずは楽しいこ

とから発見していくので，楽しさも味わってもらえます。悩みも描いてみると「こんなところが嫌なんだ」という気づきがあって，すっきりしたり，解決の方向が見つかったりする場合もあります。悩みの絵で終わると苦しいので，最後にどうなりたいかという肯定的な絵を描いてもらいます。4枚すべてを一生懸命描くと疲れてしまうので，「1枚ずつ丁寧に仕上げるというよりは，適当にさっと感じを表すように描きましょう」と声かけしています。心のエネルギーが現在枯渇している人には，「悩みの絵」は描かずに「楽しいこと」のみでもいいでしょう。

　さらに出来上がった絵をムーブメントで動いてみるエクササイズを続けて行うことができます。絵を動くエクササイズを行うときには，その前にからだを動かす練習を入れないと，なかなか動きづらいようです。絵をムーブメントで動くことに慣れていない場合は，絵を動く前にムーブメントのエクササイズを行ってから，絵を動くエクササイズに入ります。(2)のミラームーブメントをウォームアップで行うとよいでしょう。絵をからだを使って動いてみることで，絵に表現されたことがからだを通して理解でき，新たな気づきが起こります。

　またこの4枚の絵から物語を作ることもできますし，絵に添えた言葉から詩を作ることもできます。そのようにして言葉をつむいでいくと，絵の内容が消化され，また新たな意味が付け加えられ，詩や物語の表現の中で体験が統合されます。

　このように違う表現媒体での表現を続けていくと，「そうなんだ」「そういうことか」というような腑に落ちる体験が起こります。絵の表現だけでは，納得感がなかったものが，ムーブメントやライティング（文章にする，詩や物語を作る）をすることで，自分の次の成長（ステップ）に向かうヒントや発見が起こりやすくなります。

⑤絵をムーブメントで動いてみる（オプションとして）。
　絵を動くと言っても，具体的にどのようにやるか，想像できにくいかと

思いますが，絵を動くときには，「絵に描かれた線を手やからだでたどる，絵の中の形にからだでなってみる，絵を見て，直感的に動きたいように動いてみる」などで，からだを動かします。ムーブメントを行うときも，きれいに動くとか大きく動くとか，上手に動く必要はなく，からだでその絵の感じをつかめればよいので，人が見てきれいに見える動きをする必要はまったくありません。絵を動いてみるとその絵のもっているエネルギーや性質などが，からだを通して理解できます。人の絵を動く練習もすることで，人の絵をより深く感じ取ることがでるようになります。4枚の絵を動く場合，1枚ずつ動いていきます。動いたあとでシェアリングをします。

絵のラインを追ってみる

絵の雰囲気を表現してみる

絵の形になってみる

(4) 4つの側面（からだ，心，頭，魂）

◆**準備するもの**：クレヨン（16色以上）またはパステル，八つ切り画用紙4枚

◆**手　　順**：私たちの存在の4つの側面を絵で表現してみます。4枚描かなくても，どれかを選んでもよいでしょう。4つの側面を描いてみると，自分にとって葛藤のある部分がわかったり，4つの側面の関係性が見えてきたりします。1枚の絵は，10～15分くらいで仕上げましょう。

① 自分の今のからだの感じを自由に描いてみます。痛みがあったり，重かったり，逆に軽かったり，元気だったりする部分を描いたり，全体の印象など，色と線で表現します（痛みや病気を抱えているときには，つらいエクササイズになることもあります）。

② 今の自分の心を自由に描いてみます。どんな感情があるのか，どんな色を使いたいのか，色と線で表現します。

③ 頭，つまり，自分の知性や考えという側面を探ります。考えることや知性や知識は自分にとってどんな感じがするのか，色や線で表してみます。

④ 魂という言葉が好きでなければ，からだでもなく，心でもなく，頭でもないもの，自分の中心，精神性，スピリチュアリティという言葉で置き換えてもいいかもしれません。自分のイメージで自分の魂を色と線で表現します。

4枚描いたあとで，またそれぞれの絵にぴったりくる言葉を添えます。そのあとでシェアリングをしましょう。また絵を動いたり，物語や詩を書くこともできます。

(5) 粘土との対話

　◆**準備するもの**：土粘土（彫塑用粘土，ひとり約 1kg），台紙

　◆**手　　順**：土粘土（彫塑用粘土）を両手に入るくらい手にとります。目を閉じてその粘土を触ります。よく感触を確かめます。こねたり，たたいたり，押したり，粘土と遊びながら，その粘土がどんな形をとりたいかを粘土と対話して形作ります。または手が動くに任せて形を作ってもよいでしょう。これも何か形にすることにとらわれず，上手下手を考えずに，遊んでみましょう。目を開けたくなったら目を開けて作業を続けます。最後まで目を閉じていてもかまいません。制作時間は，30分から40分くらいかけます。早めに終わる人もいれば，長くかけたい人もいますので時間は目安です。

　作品ができたら，ライティングをします。ライティングの方法もいくつかあります。ひとつは作品を見ながら，思いつく言葉を並べる方法です。もうひとつの方法は，「私は粘土です。私は……と感じています」というように粘土に語らせる方法です。また粘土の形をからだで表してみると，粘土から

のメッセージを感じ取ることができます。ライティングは，15〜20分かけます。シェアリングは15〜20分とります。

　作っているとき，また言葉を描いているときに，何も発見がなく，意味がわからなくても大丈夫です。振り返ってこの粘土や文章が，今の自分や生活のどこかと関連があるのだろうか，と考えてみることで意味を了解し，発見することが多いのですが，まったく意味がわからないこともあります。自分から出た表現として尊重しましょう。

(6) 粘土作品に与えたい環境

　◆準備するもの：画用紙，色画用紙，クレヨン，パステル，アートティッシュ，毛糸，ビーズ，木片など，のり，はさみ

　◆手　　順：(5)の粘土のエクササイズのあとで，続けて行えるエクササ

イズです。出来上がった粘土を，今の自分の何かを象徴するものと捉えて，その部分に必要な環境を作ってあげます。その粘土を置いてあげたい環境を創作します。置いてあげたい環境を絵で表現してもいいし，薄紙や色画用紙，毛糸やビーズ，粘土を使ってもいいでしょう。そして環境を作ったら，その粘土を置きます。たいていの場合，粘土は自分のある部分を表現しているので（疲れている自分，もっと積極的にやりたい自分など），その自分を尊重して，ケアしてあげるエクササイズになります。制作時間は，30〜40分とります。

作品ができたら，言葉を添えたり，ライティングをします。その後シェアリングを行います。

(7) 宝物地図

◆**準備するもの**：画用紙，クレヨン，パステル，雑誌の切り抜き，毛糸，アートティッシュなど，はさみ，のり

◆**手　　順**：自分の中にある宝物を想像し，その宝物に到達する地図を描きます。必ずしも地図になっていなくてもかまいません。宝物だけを表現してもよいでしょう。自分の中には宝物があります。どんな宝物があるのでしょう？　自分の長所は何でしょう？　また短所と思えることもひっくり返せば長所になるかもしれません。いろいろな経験も宝物でしょう。具体的に思い浮かばなくても宝物を表現してみましょう。またその宝物を見つけるための地図を描いてもよいでしょう。オプションとして「障害となるもの」と「助けてくれるもの」の両方を入れてもよいでしょう。

クレヨンなどの絵で表現してもよいし，毛糸や色紙などを貼ってもよいでしょう。また紙や粘土などで立体の表現も可能です。制作時間は，1時間くらいとります。

作品ができたら，言葉を添えたり，ライティング（言葉を添える，作品を見ながら文章を書いてみる，詩や物語を作ってみる）をします。その後シェアリングを行います。

(8) 心の傷と癒し

◆**準備するもの**：自然の中で見つけたもの，画用紙，クレヨン，粘土その他，のり，はさみなど

◆**手　　順**：基本的には屋外に出て行うエクササイズです。自然の中で行うのが一番よいですが，少しでも自然がある場所（木や草花など）なら行えます。外を散歩しながら自分の人生について考えてみます。自然の中で自分の「心の傷」を表すもの（木の枝や石など）をひとつ拾います。そして今度は「癒し」を表すようなものをひとつ拾います。部屋に戻ってそのふたつを

使って作品を作ります。他に使いたい画材を適宜用います。外に出たりする時間も含めると1時間半くらいかけます。屋外ではない場合，自分の心の傷を表すような（小さな）作品を作り，癒しを表すような（小さな）作品を作り，そのふたつを使って新たな作品を作ることができるでしょう。自然の中の事物を用いる方が，マイルドなエクササイズとなります。

　作品ができたら，言葉を添えたり，ライティングをします。その後シェアリングを行います。

(9) 人間彫刻

◆**準備するもの**：特にありませんが，動くスペースが必要です。

◆**手　　順**：人間彫刻は，人のからだを粘土に喩えて，人のからだを使って表現します。まず二人組になって，ひとりの人が彫刻家，もうひとりが粘土になります。彫刻家は，粘土になった相手の人のからだを使って，彫刻します（からだの姿勢を変えてポーズを作ります）。相手のからだに触れてもよいかどうか確認して，優しく触れて無理のないように少しずつ動かします。

第 4 章　エクササイズ　　175

少し距離をとって、作品を鑑賞する

動かしてから、ながめてみる

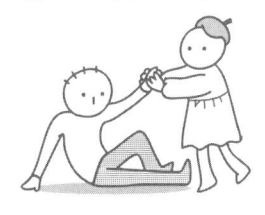

感想をシェアする

交代する

相手の人が触れられるのが嫌な場合は，言葉で指示して彫刻します。

　ファシリテーターが最初はテーマを与えます。例えば「喜びを表現してください」「イライラを表現してください」というように。そのテーマにそって，自由に彫刻してもらいます。自分が彫刻されると，からだの微妙な姿勢やポーズで違う感情や雰囲気を感じることに気づきます。彫刻家は，相手のポーズを使って自分の気持ちや状態を表現できます。彫刻家と粘土は，交代します。

　人間彫刻のやり方に慣れたら，次に「最近の自分」というテーマで相手を使って「最近の自分」を表現します。そのあとで「こうなりたい自分」を表現します。今の自分を認識し，またこうなりたい方向性に気づくことができます。適宜シェアリングを入れながら行います。時間は，30～40分かけます。

(10) なりきりウォーク

　◆**準備するもの**：特にありませんが，歩くスペースが必要です。

　◆**手　　順**：まずは全員部屋の中を歩きながら，リラックスできるようにします。鬼ごっこやその他のちょっとしたゲームを最初にしてもよいでしょう。次にファシリテーターが「～のような人になって歩いてみてください」と言います。例えば，「ではお相撲さんになってみてください。お相撲さんのように歩いてみましょう」とか，「女王様のように歩いてみてください」など指示を出します。何回かファシリテーターが指示を出したら，次には「では私が誰かにタッチしますので，タッチされた人が次の指示を出してください」と教示し，次々にタッチされた人が指示を出します。自分なりに設定のキャラクターになった気分で歩けばよいだけなので，比較的入りやすいエクササイズです。

　このエクササイズは，ドラマ表現の導入になります。ドラマセッションへのウォームアップにも使えますし，自分とは違う人になって歩いてみることで自己発見の扉を開きます。

ドラマのセッションは，いろいろなかたちで行うことができます。グループでドラマを作ったり，自分の体験した出来事をドラマにしたり，童話や映画の一場面を演じたりなどさまざまです。大切なのは演じてみてどんな感情がわいてきたか，見ていて発見したことはどんなことだったかをシェアリングで話し合うことです。ドラマは自分の過去の出来事や体験と重なり，深い感情に触れる可能性があるので，体験を丁寧に扱う必要があります。

(11) ムーブメント「開く，閉じる」

◆**準備するもの**：特にありませんが，動くスペースが必要です。

◆**手　　順**：まず二人組のミラームーブメントなどで，ムーブメントのウォームアップを行い，そのあとで「開く，閉じる」ムーブメントを行います。動く人が輪の中に入ります。見守る人は輪の外で動く人を見ます。

このムーブメントは，型がある動きではありません。どんなふうに動いても，動かなくてもいいのです。きれいに動くとか大きく動く必要はありません。パフォーマンスではありません。自分のからだを使って，「開く」動きと「閉じる」動きや姿勢，ポーズをとって自分にとっての「閉じる」と「開く」を探求しましょう。「開く」も「閉じる」も両方とも私たちにとって大切な動きです。どちらがよいということはありません。今の自分にとって心地よいのは，どちらでしょうか。またどれくらい開いている状態が今心地よいのでしょうか。7～8分目を閉じて動きます。声や音を出してもかまいません。大きく動くときや早く動くときには，薄目を開けて他の人にぶつからないようにしましょう。見守る人は，できるだけ自分が見守る人のみに注意を向けます。見ているときにどんな感情や感覚がわくか気づきましょう。

　動きやすいように静かな音楽をかけますが，自分の動きに合わないときには，音楽を無視してください。時間になったらチャイム等で知らせて，徐々に動きを止めてもらいます。その後動いた人が見守る人のところへ行き，自分の体験を先に語ります。見守っていた人は，あとから自分が見ていてどんな体験をしたかを語ります。このときも解釈ではなく，見守る人の体験を語ります。温かく見守られる体験は，とても嬉しいものです。また見守っていた人の言葉から新たな発見もあります。

　シェアリングが終わったら交代します。見守っていた人が，動き手になりムーブメントを行い，終わったらまた同じようにシェアリングをします。最

後にムーブメントの体験を絵にするとよいでしょう。ウォームアップやシェアリングを入れて，1時間くらいのエクササイズです。最後に絵を描き，言葉を添えるとさらに30～40分かかります。

　パーソンセンタード表現アートセラピーのムーブメントのエクササイズには，オーセンティックムーブメントの影響があります。オーセンティックムーブメントは，ユング派のダンスセラピーで，メアリー・ホワイトハウスが創始しました。このムーブメントの特徴は，目を閉じてからだを動かす点です。また動く人（ムーバー）とそれを見守る人（ウィットネス）がいて，見守る人は動く人を見ています。通常動く人は輪の中で動き，見守る人は外側に座り動く人を見守ります。動く人は，きれいに動くとか，大きく動くなどを気にせず，今ここで自分が本当に動きたいオーセンティックな（真正な，

正直な）動きをします。見守る人がいてくれることで，自分の動きを誰かが見てくれていて，立ち会ってくれ，ムーブメントを共有してもらうという体験になります。

パーソンセンタード表現アートセラピーでは，テーマを設定してオーセンティックムーブメントを行うこともあります。その方が初心者には動きやすくなります。また音楽を使うこともあります。これも動きやすさを促進します（もともとのオーセンティックムーブメントでは，音楽は使いませんし，テーマも設定しません）。

このエクササイズは，初心者でもムーブメントに入りやすいように「開く」と「閉じる」というテーマを設定して，その動きの中から自己発見を促します。

(12) グループエクササイズ 「粘土」と物語

◆準備するもの：彫塑用粘土（ひとり 1kg），紙皿，画板，土をのせる画用紙（四つ切り）

◆手　　順：第2章の「一般の人向けのワークショップ」でも紹介したものです。

①一緒に粘土作品を作る。
　画板の上の画用紙を台紙にしてその上に粘土の作品を作ります。その台紙を囲んで4人（2人以上から行える）で座り，ひとりずつ粘土を持ちます。順番に粘土を何かの形にして置いていきます。前の人のものに付け加えてもいいし，別のところに置いてもかまいません。ひとりずつ順番に置いていきます。ただしこの作業は言葉を使わず，おしゃべりせずに，沈黙のまま行います。共同作品の完成はそのグループの判断で決めます。時間制限を設定し，その時間内にできたところまで，としてもよいでしょう。

終わったら，各グループで作っていたときの体験をシェアリングします。言葉を使わずに制作していたので，それぞれどんなことを感じながら作っていたのか，またお互いの粘土の意味などを聞く機会になります。粘土が初めての人も，他の人の発想から刺激されたり，人が自分の粘土に何かを加えてくれると嬉しいものです。この作業も上手下手でなく，気が向くまま，やりたいようにやっていきます。よい作品を作ろうとするプレッシャーがないので，遊び心が発揮され，4人が打ち解け，いろいろなコミュニケーションが生まれます。

②できた粘土作品からお話を作る。
　その粘土の作品から，めちゃくちゃなお話でいいので，お話作りの遊びをします。これは物語の世界に自然に入ってもらうためのエクササイズです。またお話を作るという即興の楽しみや，計画しない流れの中に自発性が発揮されます。くだらない話やつじつまが合わない話でもよいので，自由に作ってもらいます。こんな遊びは多分小中学生のころに体験したことがあるものでしょう。そのときには，できるだけ無責任にお話を作りましょう。話の筋が意味をなさなくても大丈夫です。遊びですか

ら。心が緩まないと，個性や創造性はなかなか顔を出しません。また純粋に一緒に遊ぶという経験も貴重です。

　時間がなければ①のみ行ってもよいでしょう。このエクササイズはコミュニケーションを促進します。

●実際のセッションの流れ●

1日もしくは半日セッションの展開
　(1)　オープニング
　(2)　ウォームアップ
　(3)　実際のエクササイズ
　(4)　シェアリング
　(5)　クロージング
　(6)　アフターケア（必要があるとき）

　私自身は，数時間のセッションであっても，1日のセッションであっても，通常このような流れで行っていきます。1日のセッションでは，いくつかのエクササイズを行うことになります。2～3時間のセッションであれば，ひとつのエクササイズになるでしょう。1日のセッションでは，昼食後始めるときにはまたウォームアップを入れてからエクササイズに入ります。エクササイズのあとには，できる限りシェアリングを行って，自分の表現について語れる時間をもつようにしています。

(1)　「オープニング」では，ファシリテーター（セラピスト）のあいさつや，このセッションで何を行うか，また行うにあたってのガイドラインなどを述べます。その後必要であれば，参加者の自己紹介（一言で行うこともあります）や今日の心身のチェックを行います。ここでアート表現は，上手下手を問わないこと，表現は分析解釈されないこと，フ

ァシリテーターのインストラクションは提案なので，すべて言われた とおりにする必要はなく，パスも可能であり，インストラクションを 自分に合うように変えてもよいことを説明します。

(2)「ウォームアップ」では，からだを少し動かすようなムーブメントを 行ったり，初めて会う人同士が打ち解けられるような簡単なゲームを 取り入れたり，クレヨンでただ色を塗ったり，なぐり描きなどのアー ト表現を行います。絵を久しぶりに描く（小学校以来という人も多い） 人もいると思われるので，上手下手にとらわれないもの，さっと簡単 に色を塗ったりするウォームアップが役立ちます。

(3)「実際のエクササイズ」では，エクササイズを導入して，表現活動を 行います。メインになるエクササイズ（表現活動）を行う時間です。

(4)「シェアリング」では，作品や表現のあとでの分かち合いの時間をも ちます。二人組や三人組等シェアリングの時間をもちます。交代で自 分の作品や表現について語り，相手の人は共感的に傾聴します。分析 でなく個人的に感じたことをフィードバックします。シェアリングを 行う前には，分析や解釈，アドバイスなどはしないルールを説明します。

(5)「クロージング」では，全体のグループに戻り，時間があれば感想を 話してもらったり，質問に答えたり，少し静かな時間をもちながら（ク ールダウン），終わりにします。

(6)「アフターケア」では，深いワークなどを行う場合，もしくは不安定 な参加者に気がついた場合，「このセッションのあと，気持ちが揺れ たり，不安定になったりしたら，ファシリテーター（セラピスト）に 連絡することができる」と伝えます。また気になる参加者には，セッ

ション終了後話を聞くこともあります。

5．創作・表現中心のエクササイズ

　高齢者や精神科などでの実施の場合，参加者の集中できる時間は，1時間から1時間半でしょう。ですから制作時間は 30 〜 40 分くらいでできるものを設定します。そのためファシリテーターの下準備が必要です。あらかじめ雑誌を切り抜いておいたりなどの材料の下準備をします。

　制作後，作品を見せ合ったり，感想を話す時間をとります。

(1) コラージュ「私の好きなもの」

◆**準備するもの**：台紙，切り抜き，折り紙，のり，はさみ

人物、動物、植物、などの
切り抜きを用意する

折り紙、千代紙、アートフラワー
ビーズなども用意

自分の好きなものを選んでもらい、
ならべてレイアウトしてみる

のりで台紙に貼る、
好みで折り紙やビーズも貼る

〈切り抜き〉

　人（女性，男性，子ども，赤ちゃん），動物（犬，ネコ，小鳥），食べ物（季節の野菜，果物，お惣菜，お弁当），花（季節の花，花壇，鉢植えの植物）

◆**手　　順**：まず準備した切り抜きの中から好きなもの，興味をひくものを選んでもらいます。選んだ切り抜きを台紙の上に並べてもらいます（好みで切り抜きをはさみで切って好きな形に整える）。そしてだいたいの場所が決まったらのりで貼っていきます。折り紙を切り，好みで飾ります。

(2) 葉っぱのスタンプ

◆**準備するもの**：葉っぱ，絵の具，スポンジ，絵の具皿，半紙，広告紙，新聞紙

◆**手　　順**：屋外に葉っぱが落ちる季節に行います。事前に，お散歩などのときに拾ってきてもらい，自分と出会った葉っぱで作るのも楽しいでしょう。いろいろな葉っぱを手にとって，それぞれの形を感じてみます。

事前に拾ってきた葉っぱの葉脈のある側（裏）に，スポンジで絵の具を何色か塗ります。半紙の上に葉っぱをひっくり返して絵の具を塗った面をつけます。広告紙のようなツルツルした紙を葉っぱの上に載せて，あらかじめ丸めておいた新聞紙を，バレンの代わりにして擦ります。その後広告紙をはずして，葉っぱをはずします。何度か，色や場所を変えて半紙に葉っぱの模様をレイアウトします。好みで，スポンジに絵の具をつけて半紙に好きに描きます。

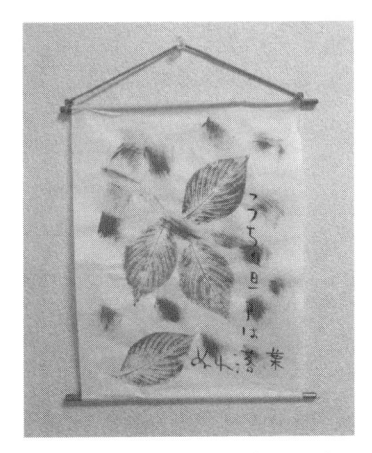

図1　葉っぱのスタンプの作品例

（3）薄紙アート

◆**準備するもの**：折り紙，薄紙，画用紙，水で溶いたボンド，筆

◆**手　　順**：何色かの折り紙から自分らしい色，自分らしくない色のふたつの色を選びます。なぜその色を選んだか，それぞれの色から思い起こすことなど，グループや二人組になって話をします。その後，選んだ色と，同じ色の薄紙を探して，手でちぎり，画用紙の上にその2色の色を組み合わせた貼り絵を作ります。作った作品の感想，見て思いつく言葉や気持ちを，作品を互いに眺めながらグループで話し合います。

(4) 生け花アート

◆**準備するもの**：紙皿，着色した紙粘土，造花，モール，水引，ビーズ，スパンコール，木の実，小石など

◆**手　　順**：紙皿の上に紙粘土を好きな形に敷き詰め，土台を作ります。そのベースに，造花やモール，水引，ビーズやスパンコール，木の実や小石などを思い思いにアレンジして生け花にします。このエクササイズの制作時間は短く，10～20分で完成する方がほとんどです。簡単なエクササイズで，時間もかからないのですが，個性を表現できます。

(5) ふくわらいアート

◆**準備するもの**：ティッシュペーパー，おかめの型紙，フリース（白），フェルト部品（髪の毛，まゆ，目，口，鼻），クレヨン，木工用ボンド，はさみ，テープ

◆**手　　順**：お正月のふくわらい遊びのアレンジです。フリース素材の顔のベースの上に，フェルトの部品を並べます。最後は木工用ボンドで固定して飾ります。

　ティッシュペーパーを柔らかく丸めて，おかめの型紙のほおの部分に貼ります。あらかじめ切ってあるフリースを型紙にかぶせ，裏返してテープで固定します。おかめの顔の表面に，髪，顔の部品を好きな表情にレイアウトします。好みで自分の好きな顔の部品をはさみで切って作ります。最後にそれぞれを木工用ボンドで貼り，クレヨンでほお紅等を塗ります。

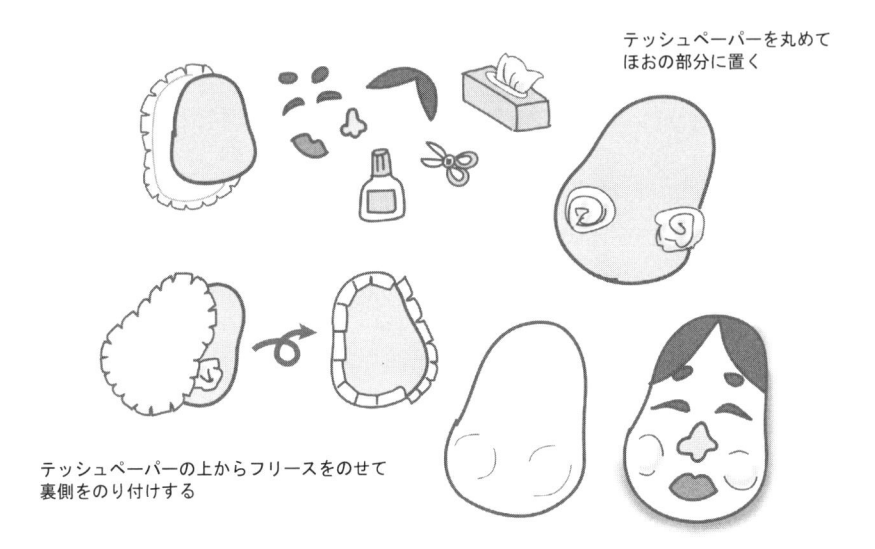

ティッシュペーパーを丸めて
ほおの部分に置く

ティッシュペーパーの上からフリースをのせて
裏側をのり付けする

目、まゆ、口などの部品を貼る

(6) 雪だるま

◆**準備するもの**：新聞紙，紙皿，ビニール袋，着色した紙粘土（白，ピンク，クリーム色など），フェルトで作った目，口，木の枝，木工用ボンド

◆**手　　順**：軽いタイプの紙粘土（100円ショップのふわふわ粘土）で雪玉を作り，2個重ねて雪だるまにします。フェルトで作った目と口，木の枝で手をつけます。それぞれの表情がとても生き生きとした雪だるまが出来上がりました。以下詳しい作り方です。

　最初に新聞紙のボールを2個作ります。ビニール袋に紙皿を入れ，その上から紙粘土を何色かたいらに敷き詰めます。紙粘土の中心に新聞紙のボールを置いて，ビニールに手を入れて，紙皿をはずします。おはぎを作るような要領で，新聞紙を紙粘土でつつみます。

　同様に2個の紙粘土ボールを作ります。ふたつを木工用ボンドで重ねて固定し，目，口，手をつけます。

第4章 エクササイズ

紙皿をビニール袋の中に入れる

紙粘土を紙皿にそってのばす

新聞紙の芯を用意、紙皿をはずす

ビニール袋に手を入れる
紙粘土の中心に新聞紙の芯を入れ
くるむように丸くまとめる

ふたつ作り
重ねて雪だるまにする

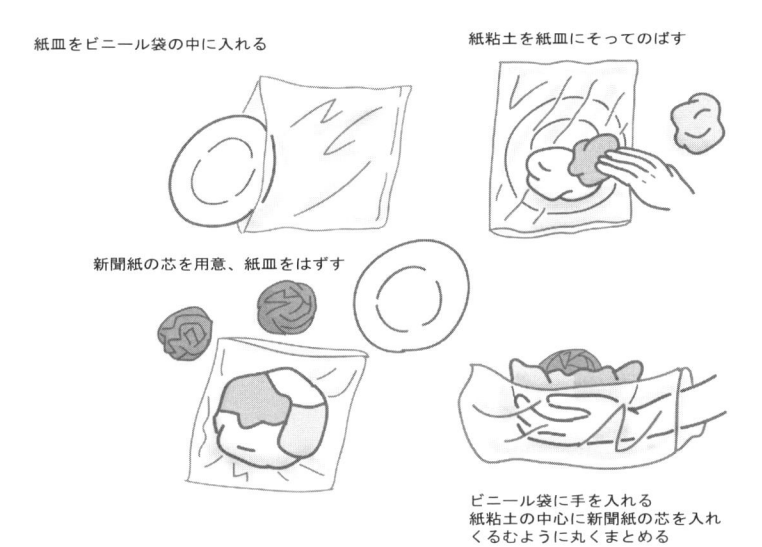

図2　雪だるまの作品例

Column ●水と記憶●

　かすみさんは50代の女性。トレーニングコースに参加する少し前から臨床心理士を目指し大学院で勉強していた方で，現在は臨床心理士として，表現アートセラピーを用いながらクリニックや学校で臨床を行っています。また表現アートセラピーの講座ももっています。創作・表現中心のエクササイズから大きな気づきを得ました。

....

　暖かな春のある日。ビルが立ち並ぶ大阪の中心地でのワーク。"春"をテーマとしたワークの終盤にガイド・メディテーション（ファシリテーターのガイドに従いながらイメージを展開させる瞑想）があり，参加者は目を閉じてファシリテーターの心地よい声を聞きながら，ゆっくりと自分のイメージの世界に入っていった。私のイメージの中で滔々と水をたたえた大きな川が見えてきた。人はいない。水の揺らぎもない。なんて静謐な大きな川なんだろう。周りには豊かな自然の風景が見えていたような気がする。

　「それではイメージの中から何かをもってきてみましょう」とファシリテーター。でも私はただただ水を感じていただけなので，何かをもってこようとは思えなかったが，素材が置いてあるテーブルから無意識的に薄桃色のフェルトを手にとっていた。近くにはさまざまな美しい色彩の羊毛が並べられていた。私は羊毛の優しい手触りが好きだ。しばし時間を忘れて羊毛の色彩と触感に身をゆだねた。いつも作品を創作するときは素材を手にとってはみるものの，何かを作ろうと意識することはない。みぞおちあたりから時折発する内なる声と手の動きに身を任せるのが常だ。

　フェルトと羊毛。ワークの導入でファシリテーターが素材の説明をされ，フェルトに羊毛を薄く敷き，鋭いニードルでちくちくと定着されたとき「こんなこともできるのか……」と感動してとても気になっていた私は，すぐにニードルと下に敷く発泡スチロールを持ってきて，その上にフェルトを敷き，心惹かれる羊毛を薄く細くしながら心の赴くままにニードルで

刺し込んでいった。「なんと！」羊毛は絵の具のようにフェルトに貼りつき，なんともいえないニュアンスを醸し出してくれるではないか。羊毛がフェルトに一針一針差し込まれるときの手ごたえと感触に私は何かに取り憑かれたように没頭していた。シャキシャキシャキ……シャキシャキシャキシャキ……。静かな部屋にフェルトと羊毛の作業をしている人たちのその音だけが聞こえる。
　水色の羊毛を薄く伸ばしなぜか渦巻きにしていく。黄緑の羊毛が水色に混ぜられていく。もう夢中でホワイト，黄色，オレンジ，紫などさまざまな色合いの羊毛を水彩絵の具のようにしてフェルトに描いていった。「う〜ん，面白い！」が，その瞬間「しまった！」と私。ニードルに力が入り折れてしまったのだ。結局2本も針をだめにしてしまった……。そんな失敗をしながらも柔らかい羊毛の触感に身をゆだねながら"私の水"を表現していった。と同時に，10年前に亡くなった母の危篤の日が重なってきたのだ。「そういえば……桜の散るころ，タクシーを飛ばして病院に行った……」。
　母の記憶の多くは私にとって痛みと哀しみをもたらすものばかりだ。そんな記憶に出会いながらも柔らかい色彩ばかりを選ぶ私に，ファシリテーター曰く"パステル画のような作品"を作っていく自分が不思議だった。
　昔，ある夢を見た。大きな津波が私と娘たちが遊ぶ海辺を襲う場面。飲み込まれそうな危険を感じて，私は「逃げるのよ!!」と思わず娘たちに叫んでいた。私の横顔と大津波の下にこけしのようにちょこんと座ってこちらを見ている母の姿があった。と，次の瞬間母はいなかった。そのときの水は大津波。そして今回は静謐で澄んだ大きな川。柔らかな羊毛から手繰り寄せられた記憶の変化を私はうっすらとした幸福感とともに感じていた。薄いフェルトに鋭く細いニードルで塗り込めるように羊毛をつついていく行為の一つひとつが，ある種の痛みと快感となって，我が胸に母の記憶を無理なく収めていくかのような作業となり，時の流れと自分自身の変化を思わずにはいられなかった。
　母が危篤だと聞いたその日，タクシーの車中から見た激しく風に舞っていた桜の花びら……。私はその花びらを渦巻く澄んだ水の中に浮かべたくなった。桃色のフェルトを花びらの形に切って浮かべた。自分の胸が上下

にゆっくり呼吸しているのがわかった。水の中心には小さな満開の桜の花をひとつそっと置き，薄桃色の羊毛でふんわりと守ってあげた。私は穏やかで安らかな気持ちになった。でもその後自宅に持ち帰って見てみるとあまりにきれいすぎるので1本のニードルを渦の中に登場させてみた。ニードルに象徴されるものによってなんとなくバランスがとれるような気がしたのだ。"春"というテーマから出会った"水と記憶"である。

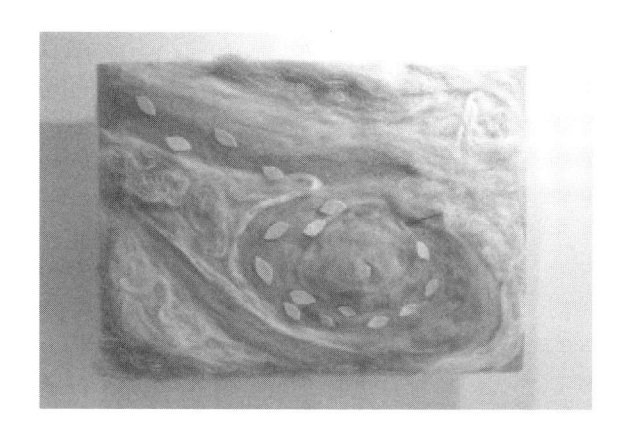

6．表現アートセラピーで用いる材料

　素材はそろえようと思えばきりがないですが，16色のクレヨンと画用紙さえあれば，表現アートセラピーを始めることができます。
　以下はよく用いられる基本的な素材です。

・クレヨン16色以上（16色以下だと紫色が入っていないため）
・パステル
・水彩絵の具，パレット，筆，筆洗い
・画用紙（八つ切り，四つ切り）

第4章 エクササイズ

- 粘土（彫塑用粘土），紙粘土（100円ショップのふわふわ粘土）
- 色画用紙，模造紙，色模造紙，薄紙（アートティッシュ），コラージュ用の雑誌
- 木片，布，フェルト，ビーズ，針金，毛糸など
- のり，ボンド，セロテープ，グルーガン（ホットボンドが出る器具）
- ムーブメントのときに使う色とりどりのスカーフ
- ドラム類，鈴，チャイム，トライアングル，木魚，笛，木琴など（音楽のセッションの場合には，いろいろな楽器を用意します）
- 衣裳や古着（ドラマセッションの場合には，いろいろな衣裳があるとよいでしょう。古着ショップでも調達できます）

以上，第4章では，心理探求的エクササイズと創作中心のエクササイズの解説と紹介を行いました。ご自身で試してみられる方への注意事項ですが，心のエネルギーがないときや落ち込んでいるときには，ひとりで自己探求的なエクササイズ（特に悩みの絵や心の傷に関するもの）を行うのは，避けた方がよいかもしれません。表現アートセラピストがサポートできる場で行うことをお勧めします。またエクササイズを行っている中で激しい感情が生じたり，過去の心の傷が浮上して，自分では対処が難しいときには，カウンセラーやセラピストに相談したり，医療機関でのサポートを受けてください。

心理臨床のトレーニングなしに，安易に他の人に対して本書のエクササイズを行うのは避けてください。臨床心理士や心理臨床のトレーニングを受けた方が行う場合には，分析解釈をしないPCAの枠組みで行ってください。表現される方とその表現に最大限の尊重をしていただきたいと思います。心理臨床のトレーニングを受けている方であっても，芸術療法はまた別のトレーニングが必要です。トレーニングを受けるか，表現アートセラピストからのスーパーヴィジョンを受けることをお勧めします。

図3　表現アートセラピーで用いる道具例

注1）インナーチャイルド（内なる子ども）とは，大人になっても，子どものころの自分が心の中にいると考えられる。傷ついたままの子どもが残っていると，人生の喜びが感じられず，いつも同じ傷つきを繰り返してしまう。インナーチャイルドとの対話によって，心の傷を癒すことができる。大人の自分が子どものころの自分を理解し，愛することが必要になる。インナーチャイルドは，心の奥に押し込めてきた本当の（真実の）自分とも言える。インナーチャイルドの概念がどのようにして生まれたかは，C. L. ウィットフィールド著『内なる子どもを癒す──アダルトチルドレンの発見と回復』（誠信書房）を参照のこと。

参考文献

1) Allen, P. B. (1995) : *Art is a Way of Knowing: A Guide to Self-Knowledge and Spiritual Fulfilling through Creativity*. Shambhala Publications, Boston
2) Benson, S. Edited (2000) : *Person-Centered Care: Creative Approaches to Individualised Care for People with Dementia*. Hawker Publications, London. 稲谷ふみ枝・石﨑淳一監訳 (2005) : パーソン・センタード・ケア──認知症・個別ケアの創造的アプローチ. クリエイツかもがわ, 京都
3) Bradshaw, J. (1990) : *Homecoming: Reclaiming and Championing Your Inner Child*. Bantam Books, New York. 新里里春監訳 (2001) : 改訂 インナーチャイルド──本当のあなたを取り戻す方法. NHK出版, 東京
4) Buber, M. (1770) : *I and Thou*. Macmillan Publishers, Basingstoke. 植田重雄訳 (1979) : 我と汝・対話. 岩波書店, 東京
5) Cameron, J. (1992) : *The Artist's Way: A Spiritual Path to Higher Creativity*. Jeremy P. Tarcher/Putnam, New York
6) Capacchione, L. (1989) : *The Creative Journal: The Art of Finding Yourself*. New Castle Publishing, Athens
7) Cornett, C. and Smithrim, K. L. (2001) : *The Arts as Meaning Makers: Integrating Literature and the Arts throughtout the Curriculum*. Person Education Canada, Toronto
8) Florida, R. (2005) : *The Flight of the Creative Class: The New Global Competition for Talent*. Harper Collins Publishers, New York. 井口典夫訳 (2007) : クリエイティブ・クラスの世紀──新時代の国, 都市, 人材の条件. ダイアモンド社, 東京
9) Gardner, H. (1993) : *Multiple Intelligences: The Theory in Practice*. Basic Books, New York. 黒上晴夫監訳 (2003) : 多元的知能の世界──MI理論の活用と可能性. 日本文教出版, 東京
10) Halprin, D. (2003) : *The Expressive Body in Life, Art and Therapy: Working with Movement, Metaphor and Meaning*. Jessica Kingsley Publishers, London

and Philadelphia
11) Herman, J. L. (1993): *Trauma and Recovery*. Basic books, New York. 中井久夫訳 (1996): 心的外傷と回復. みすず書房, 東京
12) Kirschenbaum, H. and Henderson, V. L. Edited (1989): *The Carl Rogers Reader*. Mariner Books, Boston. 伊東博・村山正治監訳 (2001): ロジャーズ選集——カウンセラーなら一度は読んでおきたい厳選33論文（上）（下）. 誠信書房, 東京
13) Klein, J. (2002): *L' art-thérapie*. Presses Universitaires de France, Paris. 阿部惠一郎・高江洲義英訳 (2004): 芸術療法入門. 白水社, 東京
14) Knill, P. J., Barba, H. N. and Fuchs, M. N. (1995): *Ministrels of Soul: Intermodal Expressive Therapy*. Palmerston Press, Toronto
15) Levine, S. K. (1992): *Poiesis: The Language of Psychology and the Speech of the Soul*. Jessica Kingsley Publishers, London
16) Levine, S. K. and Levine, E. G. Edited (1999): *Foundations of Expressive Arts Therapy: Theoretical and Clinical Perspectives*. Jessica Kingsley Publishers, London and Philadelphia
17) Lowen, A. (1990): *The Spirituality of the Body: Bioenergetics for Grace and Harmony*. Macmillan Publishers, Basingstoke. 村本詔司・国永史子訳 (1994): からだのスピリチュアリティ. 春秋社, 東京
18) Malchiodi, C. A. Edited (2005): *Expressive Therapies*. The Guilford Press, New York
19) Maslow, A. H. (1969): *The Psychology of Science: A Reconnaissance*. Gateway Editions, Washington, D.C. 早坂泰次郎訳 (1971): 可能性の心理学. 川島書店, 東京
20) McNiff, S. (1981): *The Arts and Psychotherapy*. Charles C Thomas Publisher, Springfield. 小野京子訳 (2010): 芸術と心理療法——創造と実演から表現アートセラピーへ. 誠信書房, 東京
21) McNiff, S. (1992): *Arts as Medicine: Creating a Therapy of the Imagination*. Shambhala Publications, Boston
22) McNiff, S. (2009): *Integrating the Arts in Therapy: History, Theory, and Practice*. Charles C Thomas Publisher, Springfield
23) 諸富祥彦編著, 伊藤研一・吉良安之・末武康弘・近田輝行・村里忠之著 (2009): フォーカシングの原点と臨床的展開. 岩崎学術出版社, 東京
24) Moustakas, C. (1972): *Loneliness and Love*. Prentice Hall, Upper Saddle River.

片岡康・東山紘久訳（1984）：愛と孤独．創元社，大阪
25) 村山正治編（2003）：現代のエスプリ別冊　ロジャース派の現在．至文堂，東京
26) Oldham, J., Key, T. and Starak, I. Y. (1978)：*Risking Being Alive*. Pit Publishing, Bundoora. 岡野嘉宏訳（1992）：ゲシュタルトセラピー――自己との対話．社会産業教育研究所，東京
27) 小野京子（2005）：表現アートセラピー入門――絵画・粘土・音楽・ドラマ・ダンスなどを通して．誠信書房，東京
28) Pink, H. D. (2005)：*A Whole New Mind: Why Right-Brainers Will Rule the Future*. Penguin Group, London. 大前研一訳（2006）：ハイコンセプト――「新しいこと」を考え出す人の時代．三笠書房，東京
29) Pink, H. D. (2009)：*Drive: The Surprising Truth about What Motivates Us*. Penguin Group, London. 大前研一訳（2010）：モチベーション3.0――持続する「やる気！」をいかに引き出すか．講談社，東京
30) Purton, C. (2004)：*Person-Centered Therapy: The Focusing-Oriented Approach*. Palgrave Macmillan, Basingstoke. 日笠摩子訳（2006）：パーソン・センタード・セラピー――フォーカシング指向の観点から．金剛出版，東京
31) Rappaport, L. (2007)：*Focusing-Oriented Art Therapy: Accessing the Body's Wisdom and Creative Intelligence*. Jessica Kingsley Publishers, London and Philadelphia. 池見陽・三宅麻希監訳（2009）：フォーカシング指向アートセラピー――「からだの知恵と創造性が出会うとき」．誠信書房，東京
32) Rogers, C. (1961)：*On Becoming a Person: A Therapist's View of Psychotherapy*. Houghton Mifflin, New York. 諸富祥彦・末武康弘・保坂亨共訳（2005）：ロジャーズが語る自己実現の道．岩崎学術出版社，東京
33) Rogers, C. (1970)：*Carl Rogers on Encounter Groups*. Harper & Row Publishers, New York. 畠瀬稔・畠瀬直子訳（1973）：エンカウンター・グループ――人間信頼の原点を求めて．ダイヤモンド社，東京
34) Rogers, C. (1980)：*A Way of Being*. Houghton Mifflin, New York
35) Rogers, N. (1980)：*Emerging Woman: A Decade of Midlife Transitions*. Personal Press, Santa Rosa. 柘植明子監修，秋山恵子・坂田裕子・島村奈都海・三谷裕美訳（1988）：啓かれゆく女性――中年期における変革の10年．創元社，大阪
36) Rogers, N. (1993)：*The Creative Connection: Expressive Arts as Healing*. Science & Behavior Books, Palo Alto. 小野京子・坂田裕子訳（2000）：表現アート

セラピー——創造性に開かれるプロセス．誠信書房，東京
37) Rubin, J. A. Edited (1987)：*Approaches to Art Therapy: Theory and Technique.* Brunner/Mazel, New York. 徳田良仁監訳(2001)：芸術療法の理論と技法．誠信書房，東京
38) Rubin, J. A. (1998)：*Art Therapy: An Introduction.* Brunner/Mazel, New York
39) Samuels, M. and Lane, M. R. (1998)：*Creative Healing: How to Heal Yourself by Tapping Your Hidden Creativity.* Harper San Francisco, San Francisco
40) Sanders, P. (2004)：*The Tribes of the Person-Centered Nation: An Introduction to the Schools of Therapy Related to the Person-Centred Approach.* PCCS Books, Ross-on-Wye. 近田輝行・三國牧子監訳（2007）：パーソンセンタード・アプローチの最前線—— PCA 諸派のめざすもの．コスモス・ライブラリー，東京
41) 関則雄・三脇康生・井上リサ・編集部編（2002）：アート×セラピー潮流．フィルムアート社，東京
42) 関則雄編（2008）：新しい芸術療法の流れ——クリエイティブ・アーツセラピー．フィルムアート社，東京
43) Silverstone, L. (1993)：*Art Therapy: The Person-Centered Way — Art and the Development of the Person.* Jessica Kingsley Publishers, London and Philadelphia
44) Stone, H. and Winkelman, S. (1989)：*Embracing Ourselves: The Voice of Dialogue Manual.* New World Library, San Rafael
45) 竹内敏晴（1988）：ことばが劈かれるとき．筑摩書房，東京
46) 徳田良仁・大森健一・飯森眞喜雄・中井久夫・山中康裕監修（1998）：芸術療法1 理論編／2 実践編．岩崎学術出版社，東京
47) Whitfield, C. L. (1987)：*Healing the Child Within: Discovery and Recovery for Adult Children of Dysfunctional Families.* Health Communications, Deerfield Beach. 斎藤学監訳（1997）：内なる子どもを癒す——アダルトチルドレンの発見と回復．誠信書房，東京
48) 山上榮子・山根蕗（2008）：対人援助のためのアートセラピー．誠信書房，東京
49) 山中康裕（1999）：心理臨床と表現療法．金剛出版，東京

おわりに

　私が最初に表現アートセラピーに出会ってから早いもので20年以上が経ちました。ナタリー・ロジャーズの本を翻訳出版することが契機になり，本格的に表現アートセラピーに関わるようになりました。表現アートセラピー研究会を立ち上げ，その後表現アートセラピー研究所を設立し，今日に至っています。研究所では，表現アートセラピーのワークショップや講座，トレーニングコースを提供しています。またアート表現を教育の場等で，学習の促進に用いるために，数年前にはNPOアートワークジャパンも設立しました。
　パーソンセンタード表現アートセラピーのトレーニングコースの卒業生も現在30名近くになります。卒業生は，それぞれの場で活動をしています。私がアメリカで表現アートセラピーを学び日本で活動を始めた頃には，この療法はまったく知られていなかったので，その頃のことを思うと現在の状況を感慨深く感じます。
　本書では，さまざまな場で表現アートセラピーがどのように用いられるかを具体的に述べ，エクササイズも紹介しました。歴史的理論的な解説も加え，表現アートセラピーをいかに自由で安全な場で提供するかに関して述べました。本書は，私の最初の著書『表現アートセラピー入門』（誠信書房）では取り上げなかった部分を含めた，発展版と言えます。
　私自身は現在も年に4回，1週間のトレーニングコースを長野県で行っています。トレーニングは，私に加えて4～5名のスタッフで行っていますが，トレーニングコースを提供することは，なかなか骨の折れる仕事です。ですがその中で参加者が癒され成長する姿を目にすることは，私たちスタッフにとって，心躍り満足感を覚える取り組みになっています。トレーニングの中では，スタッフや私自身も参加者といっしょにアート表現の体験をもちます。

トレーニングをリードする立場ですが，スタッフも自身の作品や表現から自分自身が変化成長していく実感が得られます。私にとっては，トレーニングコースが自分の成長（個人として，ファシリテーターとして）と癒しを常に促進してくれるように感じています。このコースを作り，パーソンセンタード表現アートセラピーを創立した，ナタリー・ロジャーズに深く感謝しています。このトレーニングコースを日本で行えることに特別の意味を感じています。

初めてパーソンセンタード表現アートセラピーに出会って以来，新鮮なインパクトを与え続けてくれるこの療法は，私にとって今も昔も「自己を探求する道」であり「他者理解への道」でもあります。これからもこの素晴らしいツールと PCA の哲学をより多くの人と分かち合いたいと願っています。

本書を執筆するに当たり，研究所スタッフの三輪ゆうこさんには，高齢者への実践やエクササイズに関してお世話になり，またとても可愛いイラストも描いていただき心より感謝しています。学校での実践の部分で協力していただきました，太田華さんにも感謝いたします。また研究所を支えてくださっているスタッフや講師の先生方，トレーニングや講座の参加者の皆様にいつも助けられていると感じています。この場を借りて心よりお礼を申し上げます。また岩崎学術出版社の編集者の布施谷友美さんにもお世話になりました。どんな本にしたいかを丁寧に聴いていただき，ありがとうございました。

表現アートセラピーのワークショップや講座，トレーニングコースにご興味がおありの方は，表現アートセラピー研究所までお問い合わせください。

●**表現アートセラピー研究所**●

ホームページ	https://www.hyogen-art.com
メールアドレス	exa@hyogen-art.com
電　話	03-5971-2703

著者略歴

小野　京子（おの　きょうこ）
1976年　日本女子大学文学部教育学科卒業
1978年　日本女子大学大学院家政学研究科児童学専攻修士課程修了
1989年　米国カリフォルニア州立ソノマ大学大学院心理学部修士課程修了
2003年　ヨーロピアン・グラジュエート・スクール　アドバンス・スタディ修了
2010年〜2014年　英国イーストアングリア大学 Education and Lifelong Learning 博士課程在学
現　在　臨床心理士，国際学会認定表現アートセラピスト
　　　　表現アートセラピー研究所代表，NPO アートワークジャパン理事長
　　　　日本女子大学前特任教授，元神奈川大学大学院非常勤講師，元立正大学非常勤講師
著　書　『アート×セラピー潮流』（共著，フィルムアート社，2002年），『表現アートセラピー入門』（誠信書房，2005年），『新しい芸術療法の流れ　クリエイティブ・アーツセラピー』（共著，フィルムアート社，2008年）
訳　書　ナタリー・ロジャーズ著『表現アートセラピー』（共訳，誠信書房，2000年），『パーソンセンタード・アプローチの最前線』（共訳，コスモス・ライブラリー，2007年），ショーン・マクニフ著『芸術と心理療法』（誠信書房，2010年）

　表現アートセラピーに関するお問い合わせは，表現アートセラピー研究所へお願いします。
　表現アートセラピー研究所
　　　メールアドレス　exa@hyogen-art.com
　　　ホームページ　　https://www.hyogen-art.com

イラスト制作＝三輪ゆうこ

癒しと成長の
表現アートセラピー
ISBN978-4-7533-1030-2

著　者
小野　京子

2011年8月29日　　第1刷発行
2022年6月11日　　第2刷発行

印刷　㈱新協　／　製本　㈱若林製本工場

発行所　㈱岩崎学術出版社　〒101-0062　東京都千代田区神田駿河台3-6-1
発行者　杉田　啓三
電話 03(5577)6817　FAX 03(5577)6837
©2011　岩崎学術出版社
乱丁・落丁本はおとりかえいたします　検印省略

ロジャーズ主要著作集＝全3巻

C. R. ロジャーズ　著　　末武康弘・保坂亨・諸富祥彦　共訳

1巻　カウンセリングと心理療法　　　　　本体 7,000 円
2巻　クライアント中心療法　　　　　　　本体 6,300 円
3巻　ロジャーズが語る自己実現の道　　　本体 6,200 円

フォーカシングの原点と臨床的展開

諸富祥彦　編著

伊藤研一・吉良安之・末武康弘・近田輝行・村里忠之　著

本体 3,800 円

第1章フォーカシングの原点／第2章ジェンドリンの思索における哲学的背景／第3章臨床的問題としてのジェンドリン哲学／第4章フォーカシング指向心理療法の基礎概念／第5章日々の臨床実践の土台としてのフォーカシング／第6章心理臨床にフォーカシングを活かす

セラピスト・フォーカシング　臨床体験を吟味し心理療法に活かす

吉良安之　著　　　　　　　　　　　　　本体 2,500 円

第1章セラピストの仕事と感情体験／第2章セラピスト・フォーカシングの概要とねらい／第3章セラピスト・フォーカシングの手順と進め方／第4章ステップ1のみを行ったセッション2例／第5章個別事例の吟味その1／第6章個別事例の吟味その2／第7章職場におけるセラピスト体験を吟味したセッション例／第8章フォーカサーとリスナーの人間関係／第9章セラピスト・フォーカシングの意義／第10章フォーカシングとの比較からみた本方法の特徴／第11章本方法の今後の展開に向けて／第12章セラピストの生涯発達を考える

この本体価格に消費税が加算されます。定価は変わることがあります。

こころの症状はどう生まれるのか　共感と効果的な心理療法のポイント
古宮昇　著　　　　　　　　　　　　　　　本体2,300円

第1部私たちの心のなりたち（自己実現を求める衝動／無条件の愛を求める衝動，ほか）／第2部心理療法の基本（傾聴を主とする心理療法について）／第3部症状発生のメカニズム（激しい孤独感／対人恐怖・視線恐怖／強迫性障害，ほか）

ダンスセラピー入門　リズム・ふれあい・イメージの療法的機能
平井タカネ　編著　　　　　　　　　　　　本体2,000円

Ⅰダンスとセラピー／Ⅱリズムの効用／Ⅲ近接とふれること／Ⅳイメージを遊ぶ心の表現／Ⅴダンスセラピーの実践

芸術療法実践講座＝全6巻
飯森眞喜雄・中村研之・伊集院清一・高江洲義英・入江茂・阪上正巳・町田章一・星野惠則　編　　本体 各2,800円

①巻　絵画療法Ⅰ
②巻　絵画療法Ⅱ
③巻　コラージュ療法・造形療法
④巻　音楽療法
⑤巻　ダンスセラピー
　6巻　詩歌・文芸療法　　　　　　　　　＊○印は既刊

芸術療法＝全2巻
徳田良仁・大森健一・飯森眞喜雄・中井久夫・山中康裕　監修

1巻　理論編　　　　　　　　　　　　　　本体3,500円
2巻　実践編　　　　　　　　　　　　　　本体3,500円

この本体価格に消費税が加算されます。定価は変わることがあります。

摂食障害の不安に向き合う 対人関係療法によるアプローチ
水島広子　著

本体 2,000 円

第1章摂食障害に対人関係療法的アプローチを適用する根拠／第2章摂食障害患者における不安を考える／第3章不安を扱う基本姿勢／第4章症状を位置づける／第5章治療者の不安に向き合う／第6章家族の不安に向き合う／第7章不安をコントロールして現状を受け入れる／第8章不安をコントロールして前進する／第9章病気と治療を「位置づける」

トラウマの現実に向き合う ジャッジメントを手放すということ
水島広子　著

本体 2,000 円

第1章「不信」という現実に向き合う／第2章「コントロール感覚の喪失」という現実に向き合う／第3章「病気」という現実に向き合う／第4章「文脈」という現実に向き合う／第5章「身近な人たち」の現実に向き合う／第6章「ジャッジメント」の現実に向き合う／第7章治療者自身の現実に向き合う／第8章「トラウマ体験」という現実に向き合う

* * * * *

精神療法面接のコツ	本体 3,000 円
追補 **精神科診断面接のコツ**	本体 3,000 円
改訂 **精神科養生のコツ**	本体 2,300 円
「現場からの治療論」という物語	本体 1,500 円

神田橋條治　著

この本体価格に消費税が加算されます。定価は変わることがあります。